JN216952

美大生図鑑

あなたの周りにもいる
摩訶不思議な人たち

絵・文 ヨシムラヒロム

飛鳥新社

はじめに

美術・芸術大学は個の強い大学。誰もが「美大」そして「美大生」に、大なり小なり変わっているというイメージを持っているはず。

僕自身、美大出身者だが、美大生全員が「個性的」とは限らない。美大は「秘境」でもないし、美大生は「天才」でもない。数千人に1人、個性的な天才がいるだけ。その他は普通の人々、他の大学生と何も変わらない。

ただ変わったフリはしている。僕がいまだに「変わっているね」と言われるのは、美大生の頃に貼られたレッテルの影響下にあるから。他者の期待に応えるために〝ちょっとした変人〟を演じ続けてきた。

「そろそろ素顔を知ってほしい」と切に願う今日この頃だ。そんな気持ちで、本書を執筆した次第である。

この本では、僕の実体験や取材をもとに、今まであまり表に出てこなかった「本当の美大生」の切なさや思いをあますところなく描いている。また、欄外には「美大用語」を掲載した。

本書は、次のような方におすすめである。

・仕事で美大出身者と絡むことが多い。けれど、「イマイチよくわからないんだよなぁ」と話すアナタ！
・子どもが「美大に進学したい！」と言うが、美大のパンフレットには美辞麗句ばかり。本質を知りたいという親御さん！
・アルバイト先で一緒の美大生に恋をしているが、「会話の突破口が見つからない」と嘆く大学生！
・「これ、めちゃあるわ」「いや、これはないわぁ」と盛り上がりたい美大生・美大出身者！

もちろん、それ以外の方も「美大生ってナンボのもんじゃい！」と暇つぶしに読んでいただけたらうれしい。

さあ、このページをめくれば、美大の校門が開かれる。めくるめく美大生の世界を堪能（たんのう）していただこう。

目次

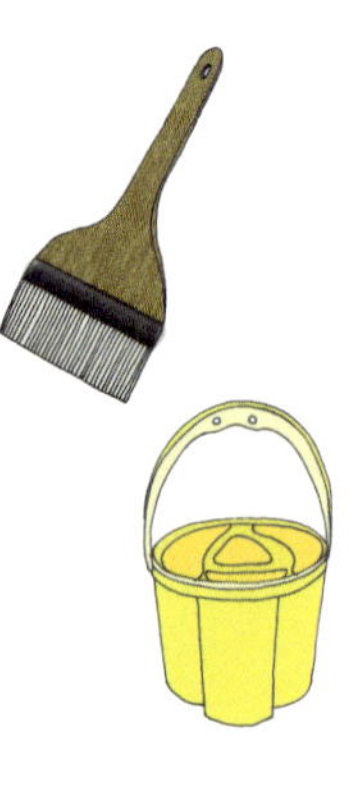

第1章 そもそも美大ってどんなところ？

第2章 美大生は見た目で決まる

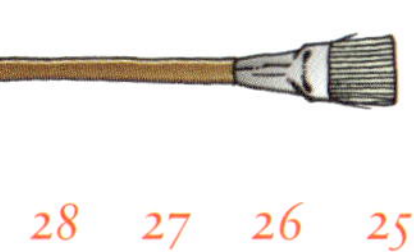

第3章 美大に入ったら起こりがちなこと

第4章 おかしなおかしな美大の授業

第5章 美大生はクセがすごい

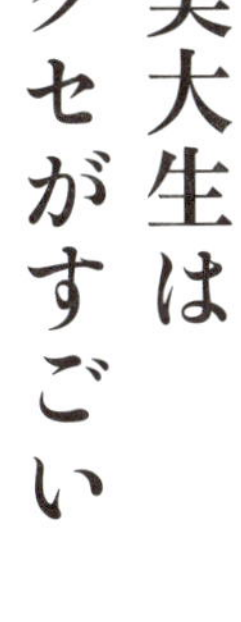

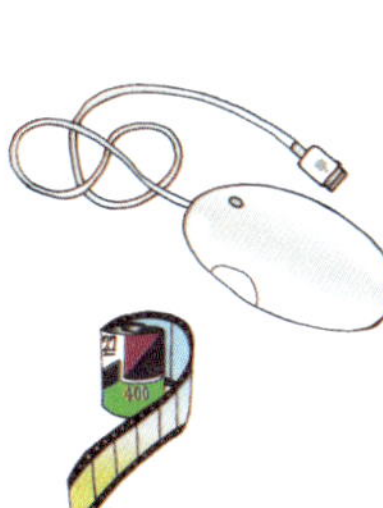

第6章 美大はイベントが目白押し

第7章 美大生以前、美大生以後

第1章

そもそも美大ってどんなところ？

「楽しそう」から「バカそう」まで幅広いイメージを持たれる美大。その実態は通った者しかわからない。そんな美大の大前提とは？

01

キングオブ美大「東京藝大」

日本の大学の頂点は「東京大学」。ならば、美術系大学の頂点は？それは「東京藝術大学」である。

〝藝大〟の油画専攻の倍率は「20倍」と破格の難易度。55人という狭い席に1100人が挑む。芸術家を目指す若者のほとんどが受験する。3浪、4浪なんてまだまだ、10浪という猛者（もさ）もいる。

一次のデッサンで400人に絞られ、二次の絵画表現で合格者が決まる。デッサンは対策が立てられるが、絵画表現は難題。試験の当日までどんな課題（モチーフ）が出されるかわからない。しかし、大手美術予備校では藝大に入った先輩がこっそり教えることも。リークを見越した学校側も応戦。当日に、会場を学内のアトリエから上野動物園に変更した例もある。

受験生も禁止されている絵の具を持ち込むためにラベルを貼り替えたり、描いた作品が印象に残るように香水をかけたりとイカサマ。試験は情報戦と騙（だま）し合い。

Bidai Word

アクリル絵の具…アクリル樹脂を固めた絵の具。値段が安いうえに使い勝手も良い。

02

美大は〝女の園〟!?

美大は総じて女子が多く感覚的には約7割が女子学生。ほぼ女子大といえる。

美大は女子ばかり、男子は気まずさを感じるかといえば少し違う。

美大女子の見た目はほぼ男。学年が上がるごとに女子力は低下し、無駄毛処理も1年次に比べて甘くなる。ショートヘアでボロボロのつなぎ、またはダメージジーンズを穿いているから、遠目から見るとほぼ男子。総じて中身も男っぽく、精神的にもタフ。意見がぶつかっても、美大内の最大与党は女。結局、男は負ける。

精神的にボコられる日常が続けば、入学当初に「女子ばかりで緊張するな、ワクワク」と言っていた口も閉じる。3年生になる頃には「あぁ、一般大学の子と付き合いてぇ」と嘆く。

ボコられたがゆえ嘆く男子に女子は幻滅。男子から見れば、7:3というハーレム状態。しかし恋愛なく卒業するケースも多い。

Bidai Word
アトリエ…美術活動を行う作業場。画材やゴミであふれ、だいたい汚い。

03

美大女子はお嬢さま

美大女子は女子高出身者が多い。学費が高いことから、自然と裕福なお嬢さまが集まる。

世間を知らない女子高出身者が美大に入るとどうなるか。「先輩と付き合う」、これが始まり。他の大学とも大差ないが、先輩はカワイイ後輩の入学を手ぐすね引いて待っている。女子高出身者も「大学に入ったら恋愛解禁」と決めているから、関係性はウィンウィン。

先輩との一夜で、女子校出身者は大人になる。しかし、入学したての後輩を口説く男は大抵クズ。数ヶ月も経てば、美大で急激に世間を知った女子高出身者は気づく。「あれ、私の彼氏クズじゃね？」と、あっさり男を捨てる。

ここから本当の美大生活がスタート、教授陣を筆頭とした自称変人の楽園へようこそ。女子校には絶対にいない魑魅魍魎（ちみもうりょう）と多くの時間を過ごす。2年生になる頃には、女子高出身者は立派な美大女子へと羽化する。

Bidai Word

油絵の具…油が原料だと思う。著者は一度も使ったことがないのでよく知らない。

04

「ハチクロ」はフィクション漫画「ハチミツとクローバー」で描かれるのは華やかな美大生活。すべて架空のものである。

「ハチクロ」（羽海野チカ作）は美大が舞台の漫画作品。アニメ、映画、ドラマと映像化もし、社会現象にもなった。舞台となった美大のモデルは、僕の母校でもある武蔵野美術大学。当時「ムサビなんですよ」と言えば「あ、ハチクロの！」と返ってきた。「いいよねぇ、美大って楽しそうじゃん。青春って感じじゃん」と続く。

「ハチクロ」は恋と芸術の群像劇。メインキャラクターは美男3人と美女2人。うち2人は、世界で通用する天才芸術家。「陶芸窯でピザを焼いて食べる」、そんな青春が描かれる。

本当の美大生活はこんなんじゃない。ピザを食べる人もいるが少人数。大多数は地味な制作活動を主とした生活を営む。ハチクロで知る美大の情報は、「こち亀」を読んで「警察官ってこんな仕事なんだぁ」と思うほど間違っている。

Bidai Word
イーゼル…絵画制作の際にキャンバスを固定する台。たいてい絵の具で汚れている。

05

学科でキャラがぜんぜん違う「ファイン系」と「デザイン系」。美大の学科は大きくこの2系統に分けることができる。

日本画

油絵

彫刻

工芸

ファイン系に入る学科は油絵、日本画、彫刻など。また、デザイン系に入る学科はグラフィックデザイン、プロダクトデザイン、情報デザインなど。これらの学科はどの美大にもある。

油絵学科の人はエキセントリック。僕の知人は昼休みのたびに「雲を釣る」と称して、魚の形に似た雲をずっと探していた。彫刻学科は、工房での作業も多いため、徒弟制度が機能している。美大には珍しい体力自慢も揃う体育会系。日本画学科は、なぜかお嬢様が多かった。

グラフィックデザイン学科は、基本スペックが高い人が集まる。勉強もデザインもこなすし、時勢にも敏感。プロダクトデザイン学科は、絵が上手く、描く線も美しい。情報デザイン学科は、コンピュータで作業することが好き。

外野から見たら同じ美大生だが、実際は違う。

Bidai Word

岩絵具…日本画に用いられる顔料らしい。宝石やサンゴを砕いてつくるので値段が高い。

テキスタイルデザイン

プロダクトデザイン

グラフィックデザイン

建築

写真

ファッションデザイン

通信

基礎デザイン

情報デザイン

Bidai Word
Illustrator…デザイン作業に不可欠な描画ソフト。至れり尽くせりの機能が付いている。

06

美大以外は「一般大」美大生は総合大学を「一般大学」と呼ぶ。自分たちは特別だと思っている。

夜の喫煙所にて

まぁ一般大学だからね

一般大学生がさぁー

美大生が使う「一般」は自意識の表れ。「美大はスペシャルな大学で、それ以外は一般の大学でしょ」とくくっているのだ。僕も美大生だった頃は「自分は美大生だ!」と誇っていた。たとえば、同窓会に行って「美大に行っている」と話せば「すごいね」と返ってくる。これがプライドを増長させる。しかし、誇れるほど美術に熱心でもないのでタチが悪い。

美大に行く人は、小中高と教室の隅でコソコソと絵を描いていたタイプ。それが美大生になったとたんに、褒められる。これは調子に乗る。そんな栄華も4年も経てば強制終了。賞賛に酔った僕のようなタイプほど、社会に出るとキツい。一般大学出身者の事務的能力の高さに驚愕! 自分の能力が社会でちっとも通用しないと気づく。少し死にたくなる。

プライド

Bidai Word

梅皿…梅の花びらのように7つに区切られている絵皿。見た目がオシャレ。

07

絵の神童ばかり

小・中学生の頃、群を抜いて上手い絵を描く神童がいたはず。彼らがのちの美大生となる。

僕は該当しないが、美大には元・絵の神童が大勢いる。なかでもK君の天才っぷりったら、ない。彼は物心ついたときから、陰影を使って立体感を表現。あまりに上手すぎたため、図工の先生に「子どもらしい絵を描け！」と注意まで受ける始末。遠近法や透視図法の「パース」も小学5年生でマスター。これを神童と言わず何と言う。

「中学生になると、美術の先生の技術を超えましたね」とK君。世間が要求する〝中学生が描くレベルの上手さの絵〟を覚えたのもこの時期。そこからは賞をもらいまくる日々が始まる。

K君は自分が今まで描いてきたすべての絵をiPhoneに入れている。絵が話題になるたびに、それを見せつけるんだ。悔しいかな、3歳で描いた絵からメチャクチャ上手い。自慢もここまでくると嫌味がない。神童だから仕方がない。

Bidai Word
ヴィーナス…ローマ神話の愛と美の女神。受験対策用の石膏像として有名。

08 絵が描けなくても大丈夫？

「美大生は絵が上手い」これを前提に話が進むと、困る美大生がいる。

現在、実技一辺倒だった美大の入試も変わりつつある。自己推薦や論文、面接で入学する人も多くなった。極論すれば、絵がまったく描けなくても美大生になれるのだ。

「絵がヘタな人が美大生と名乗ってもいいのか!?」と引け目を感じるのが本人。周りを見渡せば、学校で一番絵が上手かった神童ばかり。描けないコンプレックスもより強固となる。

僕も絵が描けない美大生だったので、よく凹んだ。ヘタクソな絵を見せながら発表するなんて、マジで拷問。スクリーンに映し出される絵のクオリティの低さに教室も凍る。教授のコメントも「もうちょっと絵をがんばろう」と一言のみ。しかし、ヘタなんだから文句は言えない。

そんな日々を経て、絵の描けない美大生はヘタがバレにくい表現方法を身につけるのだ。

Bidai Word
エッチング…凹版画で使う技法。古い図鑑の挿絵は、この技法で描かれている。

09 美大では「夢」をバーゲン中

美大生は何者かになりたいと願う。
学校側もそれを知っている。
だから夢を売る。

２００７年の多摩美術大学のパンフレットは特に夢を売っていた。卒業生の松任谷由実や竹中直人、ラーメンズのグラビアページ。「タマビに入ったら輝かしい未来がありまっせ！」と主張する。ページをめくるほどに「自分もなれる」と錯覚していく。小さい文字でもいいから「※これは５０００分の１の例です」と記載してほしい。

純粋に美術を学ぶために美大に入る人と、僕のように「売れっ子になって有名になりたい」と夢を買ったバカ。その割合は６：４くらいか。

余談になるが、日本大学芸術学部は爆笑問題を広告塔に使う。しかし、彼らは授業をまったく受けていない（大学中退）。結局、美術と芸術は個人のセンスに依存するモノ。教えられないこともたくさんある。「美大で才能が開花し夢が叶う！」、こんなの夢か幻か。

Bidai Word
絵皿…絵の具を溶く際に使う。よく割れるので、紙製のパレットのほうがいいと思う。

10

現実主義者vs夢想家
「ファイン系」と「デザイン系」。これ以上にベストな美大生の分け方とは？

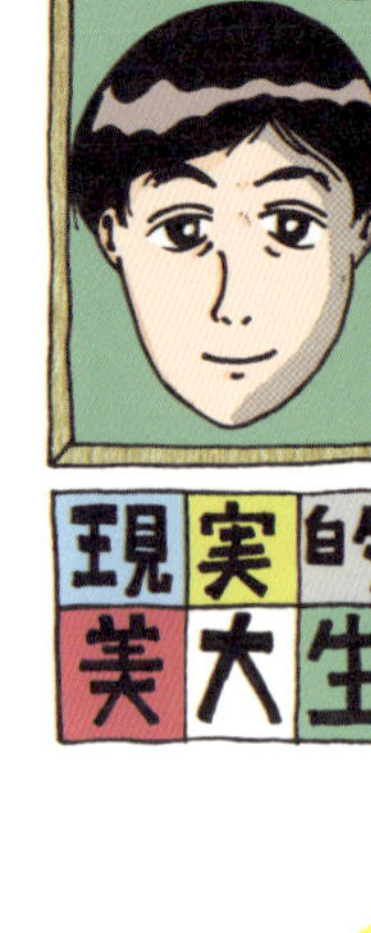

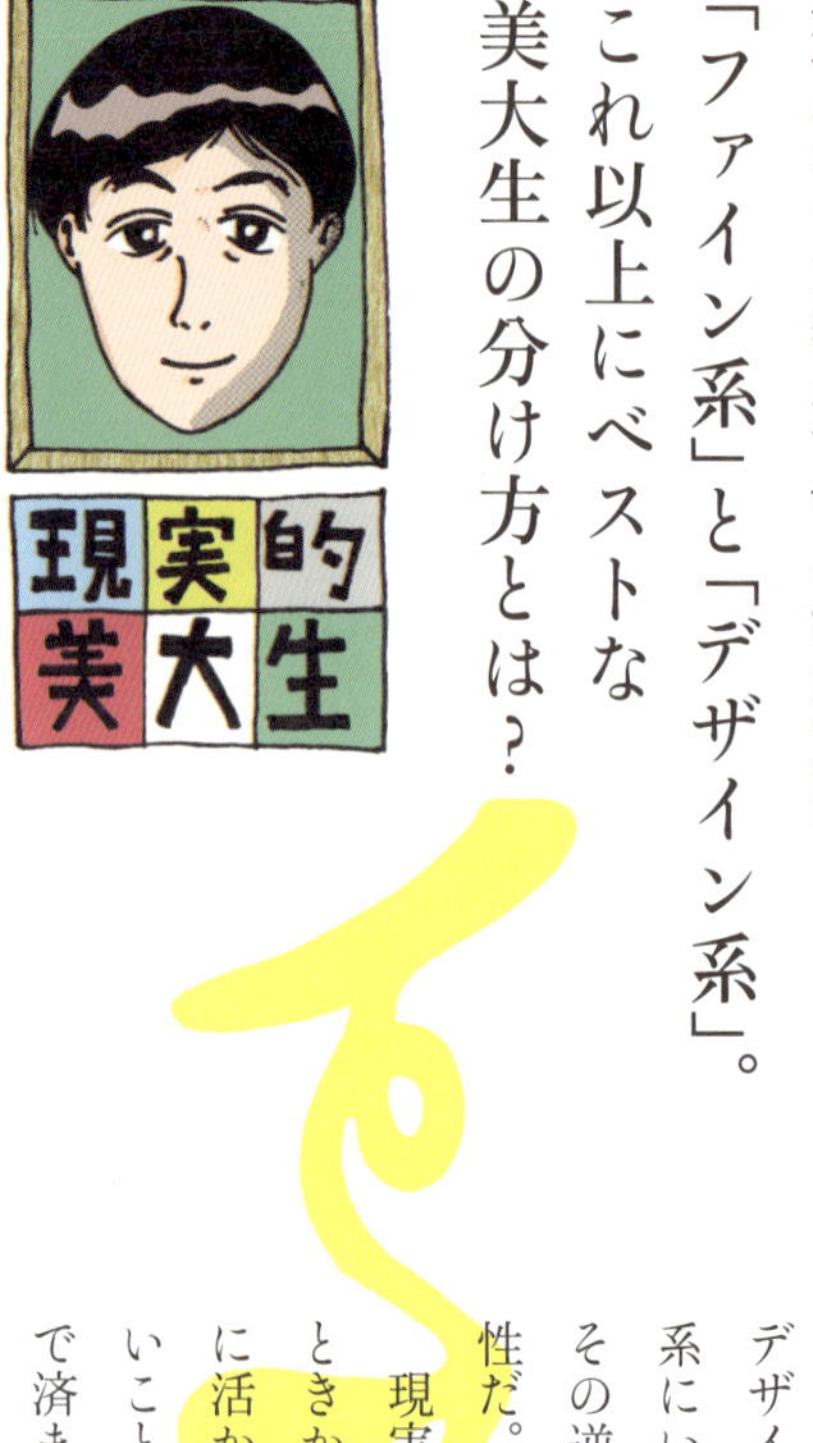

ファイン系はアーティスト志望、デザイン系はデザイナー志望と思うだろう。しかし、ファイン系にいながらもデザイナーになる人もいる。当然、その逆も。将来を決めるのは、専攻ではなく人間性だ。

現実主義者と夢想家。現実主義者は、1年生のときから将来を考える。専門性やスキルを社会的に活かす方法を模索。年を重ねるごとに、やりたいことが明確に。夢想家は、何事もその場のノリで済ます悪癖がある。4年生になっても「どうにかなるだろ」と植木等イズム全開。新卒という最強のカードもポイ捨て。卒業し「フリーになった」と周りに話すが、実情はフリーター。

美大は現実主義者と夢想家で分けるのが正しい。収入も天と地の差。学生時代は仲良しだった2人も、思想が異なれば疎遠となる。

Bidai Word
遠近法…3次元の空間を描く技法。レオナルド・ダ・ヴィンチが開発した。

II

同級生は年齢不詳！

高校を経て大学に、これが一般的。しかし、美大には人生経験豊富な同級生がゾロゾロ。

経歴に関しては僕も変わっている。5年制の高等専門学校のデザイン科を卒業後、デザイン事務所のアルバイトを経て、京都造形芸術大学の3年に編入。そこで1年間学んだのちに、さらにムサビへと編入した。つまり、大学3年生を2回やったということ。

美大生となり「ここまでか！」と驚いたのが、大学入学資格検定の取得者の多さ。Nさんは高1の春にドロップアウトし、すぐに大検を取得。入学までの2年間「のんびり絵を描いていた」と話す。

推定35歳の同級生O君は、自分の過去を一切話さない謎の人物。「オトナ」というあだ名で呼ばれ人気者だったが、最後まで年齢すら明かさなかった。そんな歳の離れたオーバーエイジ枠のクラスメイトと分け隔てなく一緒に学ぶ。そんな環境が、美大の特異さをつくりだす。

Bidai Word
御茶ノ水美術学院…東京都千代田区の美術予備校。通称「お茶美」。デザイン科が有名。

12

美大の生きた化石

どの大学にもいる、留年・休学を繰り返す年齢不詳の先輩。美大では「長老」と呼ばれていた。

タバコちょうだい

長老とよく遭遇したのが喫煙所。タバコを吸っていると「1本ちょうだい」と声をかけてくる。あげるまで言い続けるので、目を合わせたことを後悔する。「長老に面食らう1年生、上手くかわせる頃には4年生」、こんな標語ができるほど学内では有名だった。

長老は大学のクラブ棟の部屋に住んでいた。夜になると七輪で魚を焼き、自炊。当時は長老1人だったが、全盛期には10人ほど住んでいたらしい。長老に一度、「なんで大学に住むんですか?」と聞いたことがある。「家賃もタダ、シャワーもタダ、洗濯機も大学のがタダ」と納得の理由。

僕も卒業したので、長老の行方はわからない。噂によると「大学に住む男」として、TVの取材を受けたことが問題となり強制退去。計9年の大学生活を終えたようだ。

Bidai Word
「かくかくしかじか」…東村アキコが自身の修業時代を描いたマンガ。美大生は絶対読むべし。

13 ドラ息子、美大にはばかる 医大、音大に次ぐ高い学費なのに 将来が見えない美大。 そんな学び舎(まなびや)にはセレブが集まる。

作品はつくりませんでしたが、彼女は沢山つくりました。

医大で学べば医者になれるが、美大で学んでもアーティストにはなれない。学んだことが今後の人生でまったく活きない可能性も高い。そんな、つぶしの利かない学び舎に集まるのがセレブ。有名人の子息がたくさんいる。

僕のクラスメイトだったのが某タレントの息子。東京在住なら自宅から通えるムサビ。しかし、彼は大学近くの高級マンションで優雅な一人暮らし。卒業後、デザインを学ぶためにイタリア留学。しかし、すぐにあきらめて帰国した。今では、親の七光りを使いタレントをやっている。

これを読んで「非常識だ」と怒ってはいけない。美大には、才能はないが金だけはあるドラ息子がはびこっている。4年間のキャンパスライフを、好き勝手に遊び尽くすのだ。正直うらやましい。

Bidai Word
紙粘土…パルプに水、糊を混ぜ合わせたもの。僕は卒業制作の作品を紙粘土でつくった。

東京藝術大学
天才たちは内輪で固まる

　日本一の芸術系大学、それが東京藝術大学（通称：藝大）だ。藝大生といえば「天才奇才」というイメージを持つ人も多い。元藝大生に聞いてみた。「う〜ん、それは一部だね。最近は元気がないって言われているよ」と何ともつれない反応。

　日本一の難易度を誇る入学試験。受かるためには努力は当然、試験対策が重要だ。近年は、毒っ気のない絵を描く人が合格する傾向が強いようだ。「だから、普通な人ばかりになったんだよ」という意見も出た。

　そんな話を聞かせてくれた元藝大生は、美術予備校講師だった。過去から現在まで、合格者の絵を何百枚も見ている。

　「今までの合格者の絵で別格に上手い！　と思った絵があってさ。名前を見たのよ。伊勢谷友介って書いてあった」

　ご存じの方も多いと思うが、俳優の伊勢谷友介は藝大のデザイン科出身。しかも、今よりも倍率が高かった時代の現役合格者。天は二物を与えるものだ。

　そんな藝大の藝祭に行くと、内輪での盛り上がりがすごかった。一般客などお構いなしに、現役生と先輩が入り混じりの大同窓会。この騒ぎを見て、僕が現役美大生の頃から抱えていた「タマビ生は周りにいるが、藝大生はいない」という謎が解けた気がした。「藝大生は藝大生が大好き」だから、他の美大生とはつるまないのだ。

　母校愛は、藝大生が持つ藝大オリジナルの名刺にも表れる。そこに描かれる藝大のロゴマークは、「キラッ！　キラッ！」の黄金色。

　藝大を表す言葉は「天才奇才」が使われがちだが、実は「内輪」が正しい。

第2章

美大生は見た目で決まる

美大生になると制服からお着替え。美大という環境にいち早く馴染むため、美大生ならではの迷彩服を着る。美大生活をサバイブしていくために。

14 後ろ姿が二宮金次郎
制作に必要不可欠な道具。日々、美大生はその多くを持ち歩く。だから荷物がやたらと多い。

美大生と青学生の荷物を比べてみよう。

青山学院大学に通うA子は、サマンサタバサのトートバッグを愛用。学習用具と財布、化粧ポーチ、サングラス、生理用品、予備のコンドーム、スマホなどが入っている。そして、バッグの中はきちんと整理されている。

一方、ムサビに通うB子は、ノースフェイスの大きなリュックサックを愛用。学習用具と財布が入っているのはA子と同じだが、その他は筆、絵の具、カッター、バケツ、紙を入れる筒、600ミリの鉄定規など。バッグの中は当然ごちゃごちゃ。

リュックの隅には、消しカスやホコリのゴミが溜まっている。また、ポケットには食べ忘れた菓子パンが入っていることも……。

レポートの課題があると、MacBookProが入る。そんな日は、リュックに収まらなかった鉄定規、筆などが飛び出す。まるで弁慶、いや、重いリュックを背負って前屈みで歩けば二宮金次郎か。

リュックの中身は、制作中に「あ、あの道具もあればよかった」と後悔するたびに増え続ける。研究室で貸してくれるモノもあるが、借用証を書くのもわずらわしい。

そんな不精な僕は一時、スキャナーまで持ち歩いていた。もちろん電車通学で、だ。

Bidai Word
カルトン…デッサンやクロッキーをする際に用紙を固定する下敷き。地味に重い。

Bidai Word
カーボン紙…文字や図などを転写する場合に用いる。Mac時代の今でも地味に使う。

15

手が止まると死ぬ？

モノゴトを生み出すことを生業（なりわい）とする美大生。日々せっせと手を動かす。

鉛筆で絵を描く、カッターで紙を切る、ノミで木を彫る……。何をするにせよ、美大生は手を長時間酷使する。普通の人と比べ、手に多くの負荷をかける。美大生の手は、男女関係なく汚れている。多くのマメ、爪には洗い落とせなかったインクがにじむ。

常に手を使っているので、何もしていないときの手持ち無沙汰感はハンパない。時々、電車などで人差し指を執拗（しつよう）に動かしている人を見かける。たぶん、美大生か美大出身者。空に妄想スケッチ。傍から見ると痛い人だが、実害はないので温かく見守ってほしい。無意識の手グセだから。

そんなクセは、文房具屋での試し書きにも現れる。普通は文字を試し書きするが、美大生は絵や図形。美大に併設された画材店の試し描きは、イラストだらけ。

Bidai Word
烏口…均一な線を引く際に便利。Macのない時代の代表的なデザインツール。

パジャマ姿で登校

おしゃれのピークは1年生。小綺麗な格好をした人は年々減少。残るはファッション専攻のみ。

パジャマだ…

迷彩

夢にまで見たキャンパスライフ。入学当初は、誰もが服に気合を入れて登校する。女子は花柄のワンピースやベレー帽をチョイス。僕もセレクトショップで購入したジャケットを羽織ったもの。しかし、入学して数週間経つと、「なんか服が汚れるぞ……」と気がつく。周りを見回し、汚れの原因を発見。美大自体が汚いのだ。机にはインクのシミ。構内の至るところで素材のカスが舞う。こんな環境じゃあ、僕のジャケットも汚れる。また、夏になる頃には「オシャレじゃ、モテないな」と気づく。美大では男女ともにアーティスト然とした人がモテる。美大に馴染んでいる人ほど人気者、こぞってどこかしら汚れた服を着ている。美大というジャングルに溶け込むための迷彩服だ。当初は小綺麗だった女友達もパジャマでの登校がデフォルトに……。

Bidai Word
木枠…キャンバスを張り留めるためのもの。美大の廃材置き場によく落ちている。

17 ギョーカイ人ごっこ（憧れ）

ファッション、テキスタイルを筆頭に服飾系の学科もある美大。そこで学ぶ学生は異色。

綺麗な服で身を固める服飾系は美大で異色の存在。ファッションがゴージャスなら活動も派手。「青山ブックセンター」で学外展示を行い、ドレスコードを定めたパーティーを催す。そこで、教授や先輩のファッションデザイナーと一緒にワインを傾けながら語らう。「ハッハッハッ」と。「お気に入り」と呼ばれる教授に見初められた美大女子は、付き添いとして業界パーティーにも参戦。学生のうちから妙に社交慣れした彼女たちに、コンプレックスを抱くのが僕のような美大男子。

服飾系は「ファッション通信」というTV番組の影響を受けた人が多い。パリコレ情報などを放送するハイソな内容だが、実は僕もよく観ていた。服なんてどうでもよくて、露出度の高い西洋人モデルの身体が目的。ファッションorスケベ、この差は人生も分ける。

Bidai Word
キャンバス張り器…枠に画布を張るために使う。たくさん種類があるので選ぶのに困る。

18

男は細いよ　貧乏な男子大学生は痩せている。美大男子は、それに輪をかけて痩せている。

僕も今となっては中年体形となったが、美大時代は177センチ56キロとガリガリだった。振り返ると「痩せすぎ」と思うが、周りもガリガリだから気にもとめなかった。

親からの仕送りは、画材へと消える。作品をつくることに関しては、糸目をつけない。食費を削り、食も減らす。結果、痩せ細っていくのだ。美大男子の体重の軽さに対して、損をするのが美大女子。普通体形なのに隣に並ぶと相対的に太って見える。美大女子は骨太でタフな人が多いから、その傾向もより顕著に表れる。

美大では男女の逆転現象も頻繁に発生。机を動かす力仕事なども女子が率先してやる。男子の人数は圧倒的に少ないし、すぐにへたるので女子が音頭を取る。尻に敷かれるガリガリの美大男子は、静かにイスを運ぶ。

Bidai Word
キュレーター…美術館で企画・運営を行う人。美大で資格が取れるが、就職先は少ない。

19 猫背は勲章

絵を描く、パソコンで作業する、何にしても肩はすぼませる。結果、美大生は猫背になるニャ。

若い頃についたクセを矯正(きょうせい)することはむずかしい。僕は、子どもの頃から猫背で、それがコンプレックスだった。「なおしたい！」と思うが、願うだけでは叶わない。かといって、定期的に運動する甲斐性はない。つまり、どうしようもない。

しかし、美大に入学した瞬間にコンプレックスは解消された。猫背の人が多数派だったからだ。

よく考えると、美大生に猫背が多いのも当然。課題で長時間、座ったままの作業を強いられる。そんなことを4年間続ければ背中は丸まっていく。勉強も運動も苦手だから絵を描く。そして美大生になる。「背中で人生を語る」と言うが、美大生の丸まった背中は屈折した青春の象徴なんだ。

美大を卒業しても猫背はなおらない。働き手となり、悪化する人も多いだろう。僕も20代半ばから腰痛に悩まされている。

Bidai Word
具象画…対象物をそのまま描く絵。「写真みたい」と言われるタイプの絵。

武蔵野美術大学

早くみうらじゅんになりたい

西武鉄道国分寺線の鷹の台駅から玉川上水沿いへ。夏は暑く、冬は寒い、季節の影響をモロに受ける野道を歩くこと20分。そんなハードロードの先に母校、ムサビがある。

思い返すと、僕が学んだ基礎デザイン学科が入っていた10号館も季節に左右される建物だった。吹き抜けで屋根はない。雨の日は廊下が濡れ、風の日は寒気が身体を襲う。

そんな10号館の前には緑の芝生。天候が良い日にはゴロ寝したり、弁当を食べたりするムサビ生がたくさんいる。穏健派のムサビを象徴するシーンだ。

ムサビは非常に穏やかな校風。教育理念は「人間的自由に達するための美術への追求」。つまり、美術を通して人間的な高みを目指すことが目的。良くも悪くも社会から断絶された美術大学で、こんな哲学を追求する。

その結果、ムサビ生は人生に迷う。社会に比べてゆったりしたスピードで進む日常の中で……。卒業後、ムサビと社会との速度差に心が折れる人は多い。スピードに慣れるまで、3年間は必要。心が治ったのちにスタートラインに立つ。他の美大出身者が活躍するなか、パッとしない自分。天邪鬼（あまのじゃく）な自分に「僕は大器晩成型！」と言い聞かせる。

ムサビ出身の代表格、みうらじゅんは20年以上かけて「ゆるキャラ」という概念をつくった。収集癖から始まった活動は、地方産業を盛り上げる文化にまで成長を遂げる。「ゆるキャラ」の出現によって、ワクワクする人が増えた。

美術による世の中への恩返し、それがムサビのフィロソフィー。

多摩美術大学

アナーキー・イン・ザ・タマビ

東京五輪の前エンブレムをデザインした佐野研二郎。SMAPの「世界に一つだけの花」のジャケットをデザインした佐藤可士和。東京・としまえんの「プール冷えてます」のポスターをデザインした大貫卓也。

誰もが知っているデザインを生み出した3人には共通点がある。それは、多摩美術大学グラフィックデザイン学科（通称：タマグラ）の出身者だということ。タマグラは、タマビの看板学科であると同時に著名なデザイナーを輩出しつづけるデザイナーの梁山泊だ。

どこが優れているか？　それは各人のセンスをとことん鍛える教育方針にある。「学生のうちからアカ抜ける必要はない。100人のうち1人しかやらない自分だけの武器を生み出せ」と教授陣が熱血指導。「努力に意味はない！　結果がすべて！　社会に通用してナンボ！」と成果主義が貫かれる。そんな過激な4年間を出身者は「戦いだった」と話す。

タマビは、アナーキーな香りを維持する最後の美大でもある。その過激さの中心が学生自治によるクラブ棟だ。大学は一切関与しないタマビ生の楽園。基本的にここでは何でもアリ。住んでいる人もいる。

黒いジャンパーがユニフォームの「警備部」がクラブ棟を統治している。数十年前、タマビに暴走族が乱入した際に、武闘派のタマビ生が集まってできたのが警備部なんだ。

他の美大から見ると、タマビはいけすかない目の上のたんこぶ。その嫉妬心は、彼らのセンスと豪放磊落（ほうらいらく）な生き様にある。あと、タマビの連中ってリア充感があり、なんだか怖い。

第3章

美大に入ったら起こりがちなこと

「美術好き」が美大生となる。趣味嗜好の似た者が美大に集まるのだ。そんな学び舎で美大生に降りかかる出来事はほぼ同じ？

20

衣食住すべてコストカット

ファイン系なら絵の具やキャンバス、デザイン系なら印刷代や資料代……美大生活にはお金がかかる。

それなりに仕送りももらう美大生。その大部分は制作費へと変わる。よって、月末は節約生活を強いられる。

衣食住――。

ファッション学科以外は「衣」はコストカット済み。続いて「食」も減らすこととなる。「課題期間は風呂に入る余裕もなかった」、そんなことも日常茶飯事。つくることに真剣に取り組むと、とたんに多忙となる。自炊もおざなりになるから、レトルトがメイン。制作中は外に出るのも億劫だから、食料を備蓄する。

家で作業できるのはまだマシ。たとえば、アトリエでの作業が多い油絵科となると、食パンが主食となる。絵を描きながら、食パンをコーヒー牛乳で流し込む。まるで待ち伏せする刑事のようなスタイルで制作する。

Bidai Word
隈取り…ぼかしや濃淡を入れる日本画の技法。浮世絵でも多用される。

21 「時は金なり」ではない

教授や学生、卒業生と美大の関係者は頻繁に遅刻する。その悪癖を「美大時間」と呼ぶ。

時間を守る僕のようなタイプは美大時間の被害者になりがち。約束した時間に僕しかいないこともあった。「ごめん、今起きた」というLINEを機にグループは活発化。「大丈夫、私も今起きた」「まだ地元にいる」「2時間遅刻する」など、約束を守った自分を恨みたくなるやりとりが続く。結局、来ない人もいる。

作品の締め切りが守れない人も多い。なかでもNさんは別格だった。僕が卒業制作展の準備をしていると、「卒制のアンケートに協力してくれない?」と声をかけてきた。ついつい「今頃!」と声を荒らげてしまう。提出期限まであと2日しかない状況なのに彼女は調査中、肝心の作品はまだ完成していないという。内心「卒業できないだろうなぁ」と思ったが、すんなりと卒業した。Nさんは要領の良さも別格だった。

Bidai Word
クロッキー…短時間で対象物を描画する。絵を描くための基本練習。

22

恋人は「作品」で選ぶ

大学生の恋愛に経済力は関係ない。重要なのは「見た目」と「性格」。美大生はそこに「作品」が加わる。

美大では、学内展示、芸祭、卒業制作展と、多くの作品を見る機会に恵まれる。見て回っていると、時折「これ好き！」と心から叫びたくなる作品と出合う。

ある美大女子は、作品の前に置かれる感想ノートに「あなたの作品好きです」とメッセージを残した。作者の美大男子も褒められて大喜び。感想ノートに書かれた文面を反芻（はんすう）する。

作者が展示するたびに、感想ノートには彼女からのメッセージ。何度かやりとりを繰り返すうちに、「直接会って話したい」とお互い願う。どちらからともなくFacebookで友達申請し、「今度、一緒に飲みに行きませんか？」とメッセージを送る。作品の好みが合う2人は、トントン拍子に事が運ぶ。

作品に惚れたことがキッカケで結婚した知人夫婦もいる。壁に貼ってあったイラストに一目惚れした奥さんが、作者の旦那さんを探したことがキッカケ。これこそ、美大生らしい恋愛結婚のスタイルといえる。

ちなみに、僕は「和美」さんという人の作品に惚れた経験がある。ツイッターで検索し、直接アプローチを試みた。メッセージをやりとりして驚愕、和美さんはなんと男性！　僕は勝手にショックを受けた。

Bidai Word
ケント紙…イラストを描く際やモデル制作など幅広い用途で用いる、ポピュラーな紙。

Bidai Word
現代美術…落書きにしか見えない絵が44億円だったりする難儀な芸術。

23 「なんか描いて」は当たり前「美大出身」と名乗ると「すごいね」と無条件で賞賛される。いい気分だが、あとが恐ろしい。

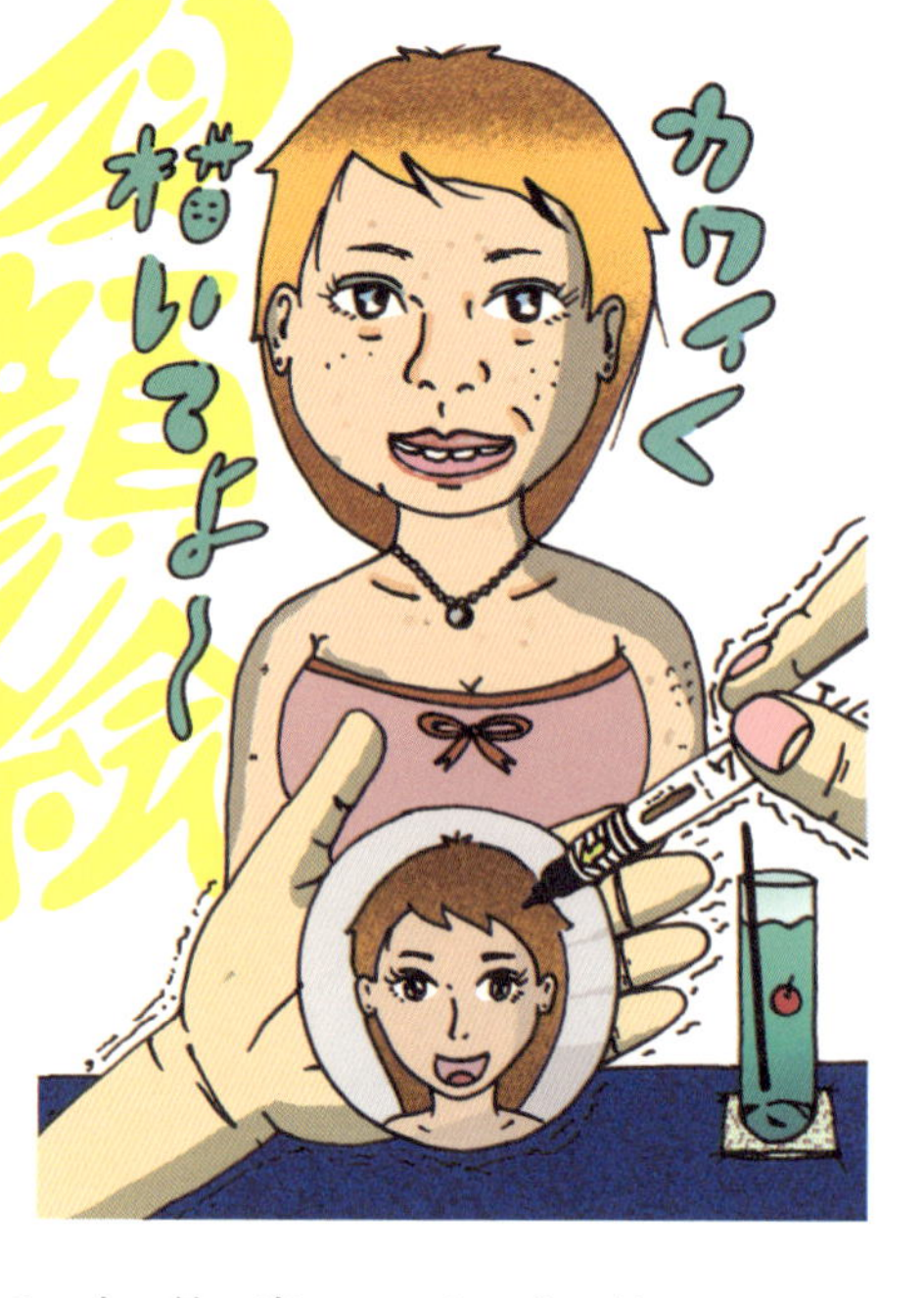

美大生は誰でも得意なイラストを持っている。キャラクター物が多いが、僕は自画像に自信あり。ガールズバーでは自分の顔を描き、お茶を濁す。大体「わーうまい」と終わるが、二の句が続くときもある。「じゃ私の似顔絵描いてよ」。

絵を描く環境は劣悪だ。店にあるかすれたサインペンで、やや濡れたコースターに描く。女の子の顔を見つつ筆を走らす。一重を二重に、薄い唇は豊かに、顔は小さく、2倍増しに描く。完成品を見せると、「ソックリ〜」と他の客に見せて回るほど大喜び。これが成功のパターン。

かわいく描く。そんなサービス精神が裏目に出ることも。「全然似てないじゃん」とキレられ、絵を描いたコースターの上に再度グラスがのる。水分でにじみ、絵が崩れると似顔絵が女の子に似てくるではないか。皮肉である。

Bidai Word
五美術大学交流展…ムサビ、タマビ、女子美、東造、日芸の有志メンバーが交流する学生団体。

24 美大男子のムラムラ解消法

男は皆スケベなもの。
それは美大生も例外ではない。
彼らはエロも自給自足。

はじめは「こんなことをするのは今日だけ」と罪悪感でエロサイトを閲覧。しかし、数日経てばピュアな気持ちはどこ吹く風。数週間経てば、立派なエロサイトジャンキーに。

N君は夏休みを田舎の祖母の家で過ごす。小学5年生の夏もそうだった。TVを観ていると、突然ムラムラに襲撃される。特効薬はエロサイトだが、祖母の家にパソコンはない。当時はスマホも持ってない。N君は打開策をひらめく。「そうだ、自分で描けばいいんだ！」。

幼少時から絵だけは得意、裸の絵なんておちゃのこさいさい。「おばあちゃん、広告の裏紙ちょうだい」。受け取るや否や、アニメキャラのヌードをドローイング。10分後「あぁ、スッキリした」とムラムラを撃退。このような自給自足エピソード、美大男子ならば1つや2つ持っている。

Bidai Word
講評…学生が制作した作品に教授が難癖をつける行事。辛辣なことを言われて泣く人も多い。

25

油絵学科は油絵を描かない!?

「絵を描くことが生きがい」油絵学科にはそんな人ばかり。しかし、それは誤りだ。

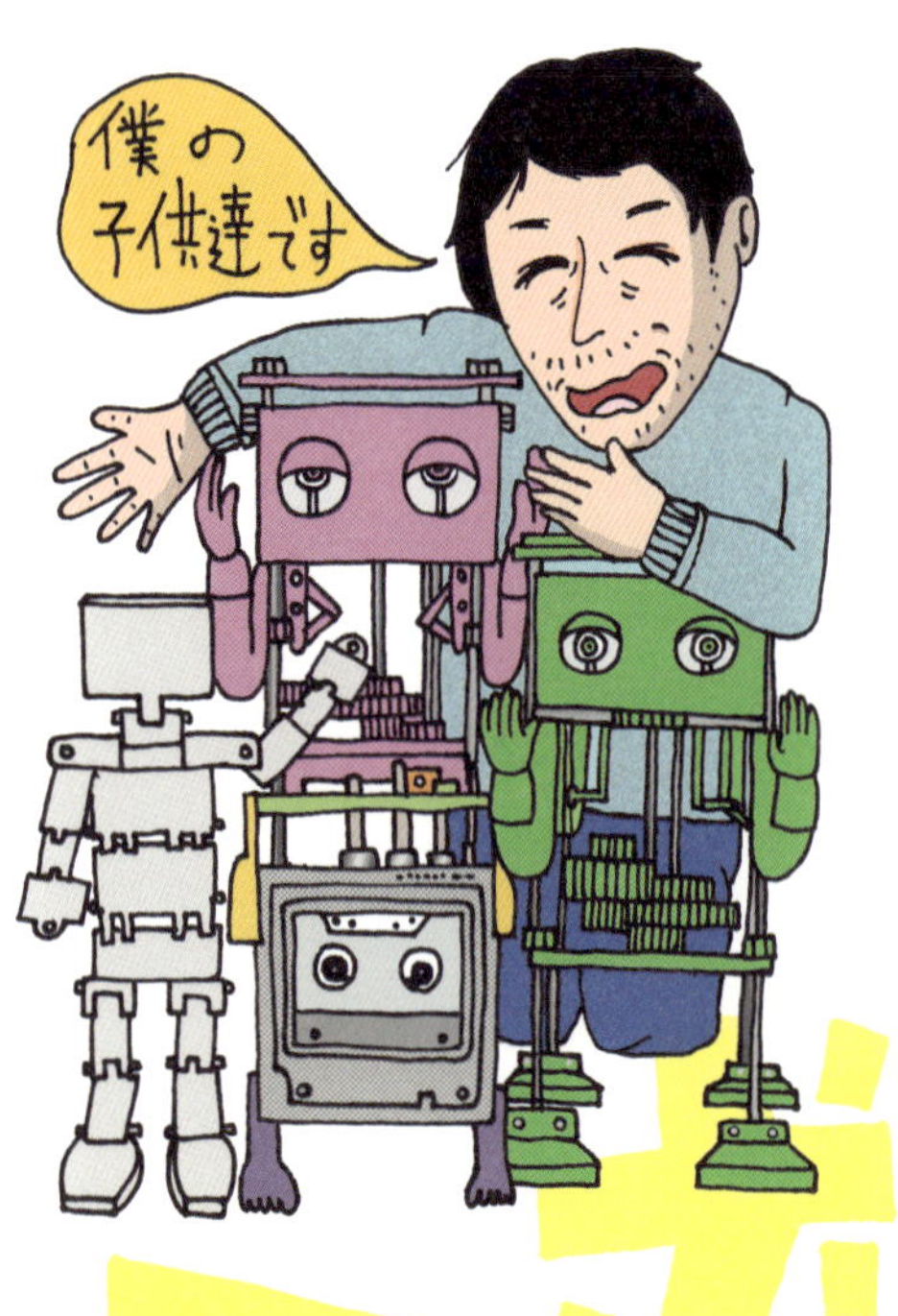

U君は美大に入り「絵では勝ち目がないな」と早々に筆を折った。大学を辞めることも考えたが「つくりたい!」という熱意は消えない。そこで目をつけたのが美大の廃材置き場。「何でも捨ててある」といわれるミニ夢の島。壊れたビデオデッキやオーディオ機器、パソコンなどを発掘。これらの部品や材料を組み合わせて、奇妙な動きをするロボットをつくり始める。

その後は、機械イジリの道へ一直線。U君のアトリエはジャンク品の山となる。ボヤ騒ぎを起こしつつも制作を続け、自家製3Dプリンタをつくるほどに技術を磨いた。卒業制作もオリジナルロボットを提出。そんな作品に、油絵学科の教授陣は優秀賞を贈った。常識に囚われない美大らしいエピソード。U君は特殊な例だが、美大には自分の専門分野に従事しない人が結構いる。

Bidai Word
コラージュ…新聞の切り抜きや写真などを組み合わせる絵画の技法。お手軽にアートをつくれる。

26

才能開花はキッカケ次第

美大出身者のなかには、ミュージシャン、俳優、小説家など、美術以外で活躍する人も多い。

マルチ

ミュージシャンでは、湘南乃風の若旦那やスピッツの草野マサムネ。俳優では、中尾彬や伊勢谷友介。小説家では、村上龍。マルチな才能が美大から巣立っている。

僕は、美大で「あきらめ」を学べたことが良かった。多くの才能が集まり、同じ条件のもとで課題をこなしていく。課題をこなすうちに、嫌でも自分の得意・不得意がわかる。いくら自信作でも、クラスメイトと比べて作品がショボければ話にならない。逆に、片手間でこなした課題が高評価なことも。

知人は課題で、「弾き語り」を作品として提出した。人前でほぼ初めて演奏し、それが学内で噂になるほど大絶賛を受けた。それをキッカケにCDデビュー。「美大に来て、自分がミュージシャンになるとは思わなかった」と本人談。

Bidai Word
サンダー…電動式のヤスリ。削る音が大きいので、家では使えない。

27

出る杭は伸ばさない

「自由な表現をすることが美術、よって美大は自由な場所」いや、意外とルールが厳しい。

まず、研究室のスタッフが厳しい。人格者もいるが難儀な人が大多数。この人たちと良い関係性を築かないと面倒事が増える。道具一つ借りるにも小言を言われつつ、借用書を書く一仕事。仲が良ければ、顔パスでOK！ 好まれるためには、大型連休のたびにお土産を渡すのがよろしい。つまりは、ワイロですな。充実した美大ライフを過ごしたいなら、彼らと仲良くしておいて損はない。

学科内の人間関係も厳しい。僕はムサビに編入した当初、美大女子から「学科のルールを勉強しようね、みんな君のことマトモじゃないと思っているよ」と注意を受けた。自分が嫌われていたことにも驚いたが、直接そんなことを言える度胸にビビった。お互いクリエイターだから嫉妬も強く、出る杭は打つスタイルなのだ。自由を目指しながら相互監視。これぞ美大生のカルマ。

Bidai Word
三原色…混ぜることで、すべての色を表すことができる３つの原色。予備校で教わる知識。

28 怪我なくして作品なし

作品制作の裏に怪我あり。怪我の経験なくして、美大を卒業した人はいない！

自分で本をつくる課題。そこで僕も怪我をした。紙束の一角を糊(のり)で接着し本の形にする。ここまでは順調に進んでいた。最後の仕上げで、はみ出た紙をカッターで切る。そのときに悲劇が起きた。力を入れすぎたせいで、カッターの刃が定規からズレる。右手は制御不能になり、刃が左手の親指に直撃。顔から血の気が引くほどの大流血。しかし、この手の怪我、最初は意外と痛くない。「思ったより痛くないなぁ」なんて楽観視していると、数分後ズキズキと痛くなってくる。

ちなみに、この本をデザインしてくれたHさんも美大出身かつカッタートラブルの経験者。保健室で傷の消毒をしてもらった際に、激痛で失神したとか。僕やHさんのいたデザイン科ですら、このありさま。大木を削り作品をつくる彫刻科なんて、もっと派手な怪我を経験しているのだろう。

Bidai Word

自然光…太陽など自然に由来する光。藝大の一次試験は自然光の中で行われる。

29

四畳半をルームシェア

実家から通う美大生も多い。そんな「実家組」が集まって、ルームシェアを始める。

個人制作なら時間をコントロールできるが、グループワークだとそうはいかない。会議が盛り上がり、終電を逃すこともたびたび。美大近くに住む友達の部屋に一泊。しかし、毎度毎度はむずかしい。

その打開策はルームシェア。家賃を抑えるために4人で四畳半を賃貸。1日の大半を学内で過ごすので、そこがベッドルームとなる。

僕も一度きり、ルームシェアをしている部屋に遊びに行ったことがある。扉を開けて驚く。足の踏み場もないほど汚い。作品、道具、服が床を隠す。作品の残骸からは発泡スチロールの削りカスが宙を舞う。

「寝るだけの部屋」と聞いていたが、ちゃっかり制作スペースも完備。布団、キャンバス、Macが狭い室内に4人分もある。

隅には缶チューハイの空き缶。「よく飲み会をやるんだよ、お前も来いよ」と友達。「この部屋の隣には住みたくないなぁ」と思った。

ルームシェアでなくても、3年生にもなると課題が増えるので、美大近くにアパートを借りて住み始める。セキュリティが甘いアパートに住んだ結果、窓の隙間から覗く男と目が合った美大女子もいた。入居者が続々と有名クリエイターになる伝説のアパートもあった。

Bidai Word
新宿美術学院…東京都新宿区の美術予備校。通称「新美」。藝大油絵専攻の合格率が1位。

Bidai Word
自画像…作者自身を対象とした肖像。ゴッホが耳を切った自分を描いたものが有名。

30 美大代理戦争が勃発

頂点は東京藝大。これには納得。
では、2番目は？
2校が同時に手を挙げる。

TOKYO 2020

東京VS五輪

TOKYO 2020

武蔵野美術大学と多摩美術大学、大学の規模はほぼ同じ。人気も甲乙つけがたい。「美大の早慶」と自称するほどライバル心も強い。

略称もムサビ側は「ムサタマ」。タマビ側は「タマムサ」。長年、どんぐりの背くらべを続けている。歴史を見ると、帝国美術学校が2つに分かれムサビ、タマビとなったそうな。つまり、離婚した元夫婦みたいな関係性。

東京五輪のエンブレム問題においても、ムサビとタマビの確執があった。最初に決定したのは、タマビ出身の佐野研二郎のデザイン。しかし、ご存じの問題が勃発し、ムサビ出身ではないが、ムサビで講師経験のある野老朝雄のデザインに変更となった。この結果に歓喜したのがムサビ関係者。そして、誰よりも悲しんだのが佐野研二郎本人を筆頭にしたタマビ関係者だろう。

Bidai Word
スケッチ…人物や風景などを大まかに描くこと。クロッキーとの違いはいまだにわからない。

東京造形大学

母校愛はコンプレックスの裏返し

JR横浜線相原駅の最寄りにある東京造形大学と法政大学。この条件を活かした一人遊びが「造形or法政ゲーム」である。

電車内にいる大学生の服装や持ち物を観察し、どちらの大学生か当てる。相原駅の改札が正解発表。右に進めば造形生、左に進めば法政生となる。一見くだらないが、観察眼を必要とする高等な遊びだ。

造形大へはタマビ、ムサビに落ちた人が多く入学する。第一志望に入れなかった暗い心境を〝タマムサコンプレックス〟と呼ぶ。

どこの大学にも名物授業があるが、造形大のそれは別格。なんと右脳を開発する授業が存在する。UFO、スプーン曲げ、テレパシーと、さながら雑誌「月刊ムー」を教科書にしたような講義を行う。

卒業生に真偽を確かめると、答えはYES。しかも、授業で1日限りだがテレパシー能力を得たらしい。

「環境音楽的なCDを流しながら瞑想するの。先生の動きに合わせて呼吸をしていくと、頭がぼーっとしてくるのね。その状態で2人組となり、頭からメッセージを送ると本当に伝わるんだよ」

「マジか!?」とツッコミたくなる。続けて、「私は清原和博のイメージを受信したんだけど、相手がピアスから清原のイメージを送ると、ピアスがキラリと光るところから私も清原が浮かんできたんだよ」と熱弁。

多くの造形生に話を聞いたが、「唐揚げ定食が美味しかったなぁ」と楽しそうに思い出を話してくれるなど、母校愛が強い人ばかり。これもひとえに〝タマムサコンプレックス〟を右脳開発で乗り越えた結果だと思う。

母校愛は造形生を救う。

女子美術大学

娘がいたら行かせたい唯一の美大

美大で唯一の女子大が女子美術大学（通称：女子美）。美大で唯一付属校があり、私立の美大で最も歴史が古い。つまり、女子美はスゴい。

「いったい何がスゴいのか？」といえば、マジメさがスゴい。僕は今まで多くの女子美生に会ってきたが、総じて皆マジメだった。「なぜなのか？」と元女子美生に聞くと、「スレていない純粋な子が多いから」という答え。

性格の良い人が集まるグループと話すと、自らも純化していく心地よさがある。逆に、不純な人に囲まれると自身も堕落。女子美はピュアな人が大多数。不純な人が入学しても自然と純に染まるのだろう。

また、他の美大生が恋愛にかまける時期を美術に専念できることも強みだ。彼女曰く、女子美生の60％以上が恋愛をせずに4年間を過ごすらしい。

童貞時代が男のクリエイティブのピーク。僕も童貞を卒業した瞬間、「あ、今確実につまらなくなったな」と悟った。同様に、女も処女期間が頂点なのだろう。

女子美の付属校を卒業した女優の桃井かおりは「男の目を意識して演技する女はつまらない。自分を形成する時間は、純粋に自分と向かい合えるといいな」と語る。

美大は放任主義が多いが、女子美は別。体育の授業で教員が日焼け止めを用意、学食のメニューもカフェ飯スタイルと至れり尽くせり。就職率も80％を超える。「ただ、女子美は宣伝がヘタなんですよ」と嘆く元女子美生。

話を聞いて、女子美の質実剛健な校風の好感度は上がるばかり。仮に自分に娘がいたら、一番入れたい美大は女子美かもしれない。

第4章

おかしなおかしな美大の授業

普通じゃない授業を受けるために美大へ通う。
そこで美大生は多くの課題と対峙する。
つくっては発表する日々が4年間続く。

31 グループワークは罪つくり

独り黙々と作品をつくる。
美大生はそんな時間を愛す。
しかし、美大はそれを許さない。

美大生になるようなタイプは、独りでしこしこと作品の制作に励むのを好む人が多い。

ファイン系は孤独な制作に打ち込めるが、デザイン系はそうもいかない。デザインは大勢の人が関わる仕事。「早くから経験して損はなし！」とグループによる課題制作に取り組む。

そんな実情を目の当たりにして「独りで作業できると思っていたのに！」と面食らう美大生。僕もその一人だ。

集団行動

Q　集団行動が苦手な人間が、グループワークをやるとどうなるか？

A　大変なことになる。

授業時間内に課題は終わらない。放課後に再度集合し、作業を続けることも頻繁に発生。しかし、サボる輩がグループに必ず1人はいる。「1人アイデア1個ね」と約束をするが、持ってこない人も……。金銭が絡まない結束ほど弱い。

こんな事態となれば人間関係にヒビ。最初は表面化はしない冷戦、しかし1週間も経てば乱戦。激しい口論が繰り広げられる。最後は人間関係の焼け野原。友情も破壊するし、作品が完成するはずもない。

卒業して数年経った飲み会でも「あいつ、サボってさ」と恨み節。

グループワークは罪つくりである。

Bidai Word
スチレンボード…モデル制作で使用する薄い板。削りカスを掃除するのが面倒。

Bidai Word
スプレー糊…スプレー状の糊。写真のような薄くて平らなモノを糊づけする場合にオススメ。

32

造形力を鍛える変な課題「『私はモーニング娘。である』、これが課題」と教授。大混乱する美大生。

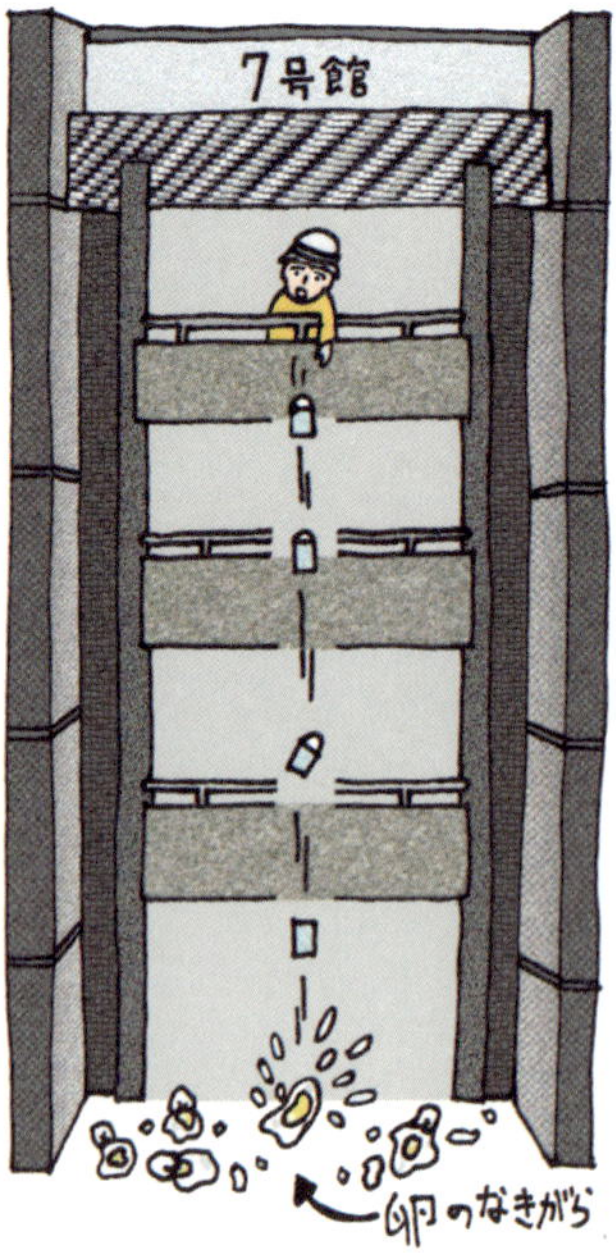

モノを生み出し続けるための造形力を身につける専門科目。時折、変な課題も出題される。僕が受けたなかで、とくに変わっていたのはクリエイティブディレクター・榎本了壱の課題。端的に表現すれば美術大喜利。実際に出されたのが「私はモーニング娘。である」というお題。これにオリジナルな解答をする。調査すると、僕の人生とモーニング娘。の好不調の波が重なることを発見。2つの折れ線グラフを用意し、その波がぴったり重なるとこじつけ、答えとした。

他には、卵をボール紙1枚で包み、割れない折り方を考える課題もあった。実際に、校舎の4階から落として実験も行う。一度で成功するはずもなく、落としては割れてトライアンドエラー。校舎に卵の臭いがすると「あ、卵の課題の季節か」と四季の変化を感じたものである。

Bidai Word
すいどーばた美術学院…名称の由来は創設者がアトリエを置いていた地名から。通称「どばた」。

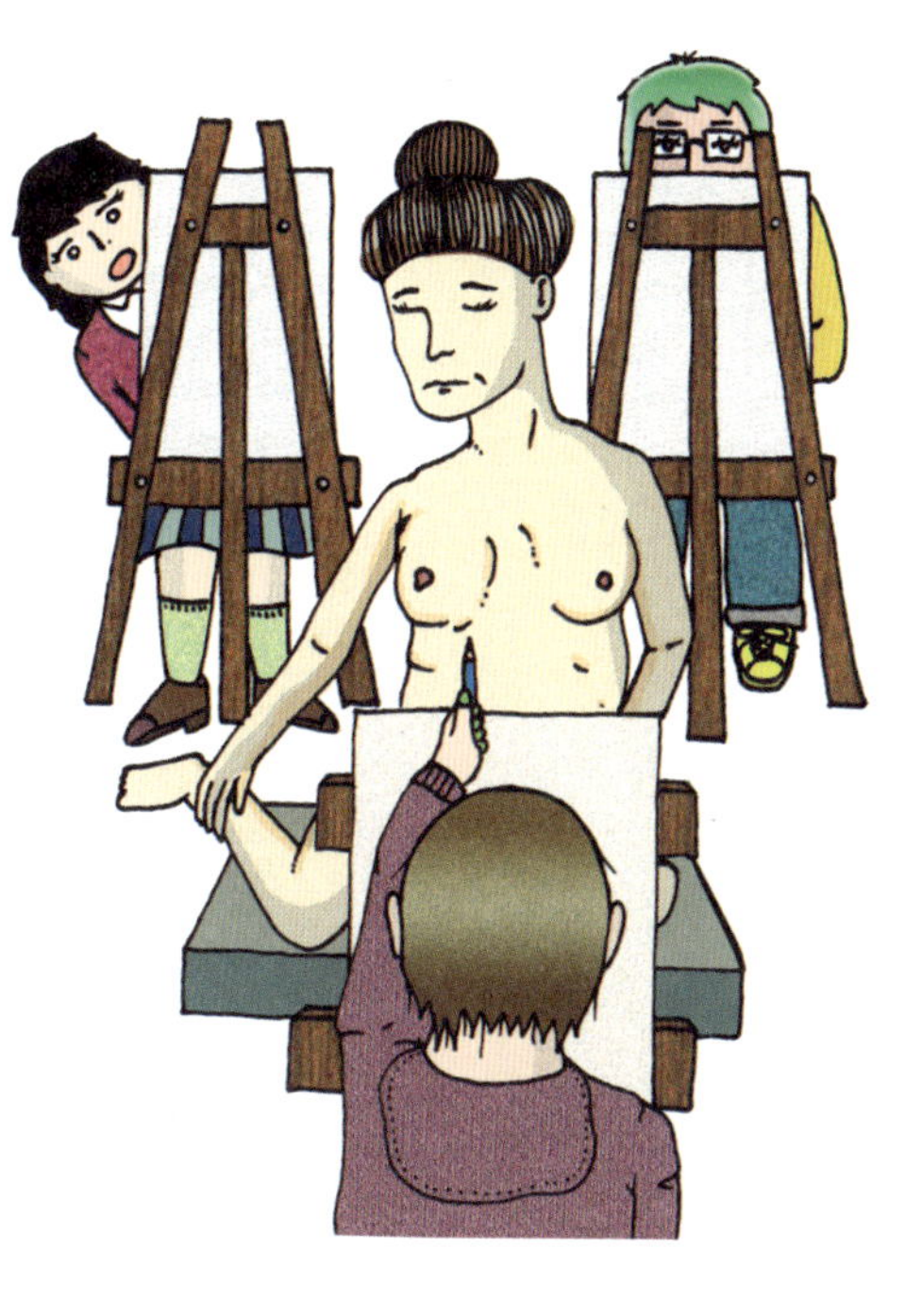

33 美大といえばヌードデッサン

美大の数ある授業の中で最も認知度が高く、最も勘違いされている授業。

「美大出身」と言えば「じゃあ、ヌードデッサンだ」と返される。意外と知られていないが、ヌードデッサンのモデルが男性のことも多い。俳優の堺雅人も下積み時代に経験したとTVで話していた。身体のラインが異なるので、外国人がモデルを務めることもある。

ヌードデッサンで、初めて異性の全裸を見たという人も多い。女友達のKさんもその1人。しかも、外国人モデルだったというから、なおさら。デッサンは、物体を観察し、正確なカタチを紙面に落とし込む作業。すべての部分を計測する。当然、アソコのサイズも。

数ヶ月後、Kさんに初めて彼氏ができた。2人の関係も熟し、夜の行為に至る。このとき、Kさんは「外国人モデルに比べて、小さっ」と思ったとか。これぞ、美大ならではのバカ話。

裸

Bidai Word
石膏像…ギリシャ彫刻、ルネッサンス期の彫刻が原型。世界堂で売っている。

34 美大生の奇病「Adobe病」

デザイン系の学生はAdobe社のIllustratorとPhotoshopを使いこなして当然。

ショートカットキー

美大は専門学校とは違う。技術は教えず、考え方を伝える。描画ソフトの使い方も教えないので、自習は必須。デザインを学ぶ1年生は、慣れないソフトと格闘することに時間を割く。100時間も触っていれば、使い方もわかってくる。この状態になってやっとデジタルで作品をつくるスタートラインに立ったことになる。

課題期間中はイラレとフォトショにずっと触れている。作業では「1つ戻る」動作を起こすショートカットキー「command＋z」を多用する（Macの場合）。ミスをすれば、すぐに「command＋z」！ 長時間作業をしていると、デジタル世界と現実世界の境目が限りなく薄くなる。

コップの水をこぼす。そんな現実世界のミスも、脳が勝手に「command＋z」と打つ弊害も起きる。これぞ、美大生が発病する「Adobe病」。

Bidai Word
静物画…「動かないもの」を描く絵。西洋絵画のジャンルの一つ。

35 美大女子はなぜ脱ぐのか
「クラスメイトの女子の裸が見たい」そんなくだらない願望。美大に行けば必ず叶う、間違いない。

僕の願望が初めて叶ったのは、映像の授業。自らPRするCMをつくり、プレゼンをする課題が出された。1週間後の発表日、部屋を暗くし、プロジェクターから壁一面に映像を流す。順々に発表を終え、巨乳で有名なKさんの番になった。

「これが私のCMです」と流された映像に、僕は大興奮した。ビニールシートの上に全裸で寝転ぶEさん。その裸体に、カラフルなペンキがかけられる。身近な女子の裸を初めて見た瞬間だった。その画を忘れまいと脳に焼きつけたので、今でも鮮明に覚えている。

「これが最後」と思いきや、のちに作品のために自ら脱ぐ女子を幾度となく見た。慣れは恐ろしい、死ぬほど見たかった女子の裸も数回見ると当たり前。夢が叶うことは、案外つまらないことかもしれない。そんなことも学んだ美大性活。

Bidai Word
卒業制作…美大生にとっての卒業論文。1年間かけてつくる、社会に向けてのデビュー作。

36

プレゼンで涙を流す男女関係なく美大生の大半は、作品をディスられ人前で泣き顔を晒す。

課題が出され、制作期間へ入る。授業の最終日に、講評会が行われるのがお決まりコース。教授と同級生の視線が集まるなか、自分の作品を解説する。プライベートな時間と引き換えにつくった作品、そりゃあプレゼンにも熱がこもる。

終わり次第、教授のコメントタイム。クオリティと革新性のどちらかが優れていれば、おおむね褒められる。しかし、どちらも欠けていたらディスの嵐。場合によっては「センスないよね」とショックな言葉も飛ぶ。壇上では涙を抑えるが、着席した瞬間に号泣。

僕は、よりによって卒業制作でディスの嵐を初体験。プレゼンに失敗、最初の説明が肝心な作品だっただけに大酷評。教授陣から「意味がわからない」と一様に連呼され、数年ぶりに人前で泣いた。卒業制作の講評で泣く人は30%を超える。

Bidai Word
塑像…粘土や石膏によって作成した彫像などの立体造形。

37 教授の作品をディスる

「○○のデザイン良いよね」と話す。逆に「ダサいよなぁ」とも話す。それが教授の作品だったりする。

美大の教授陣は著名人も多い。日本一有名なデザイナーの佐野研二郎もタマビで教授を務めている。著名人は、事務所スタッフや学生アルバイトと取り巻きが多くなる。部下の仕事と生活を支えるためにも、意外と地味な仕事もこなしている。

そんな苦労を美大生は知る由もない。デザイン雑誌を眺めつつ「これ、ダサくない？」と苦言。それに反応したのは横の友達ではなく、後ろに立っていた教授。「あ、それウチの事務所がデザインしたやつ……」。教室の空気は凍った。実際に僕が体験した美大版「怖い話」。

生意気な美大生たちを、忙しい教授がなぜ面倒を見るのか？　金銭面はもちろん、名誉職ということもあるだろう。しかし一番の理由は、教授自身が美大生から影響を受けたいからだ。お互いにディスる、持ちつ持たれつな関係性。

Bidai Word
抽象画…対象物を描き写さない絵。ピカソのグニョグニョしたやつなどが有名。

38

教授は超変人揃い

大学教授には変人が多い。ならば、Q 美大の教授は？

A 超変人。

奇人

大学のキャンパス内は浮世離れしている。一般社会とは断絶した学びの聖域。独自の理（ことわり）で物事が運ぶ。そのルールをつくるのは大学教授陣。超のつく変人ばかりだ。

僕の恩師B教授も変わっていた。身長185センチ、ガタイもよい。黒い服しか着ないので、遠目からだと黒い柱に見える。禁煙の学内でも、B教授だけは治外法権。タバコを持った手のみをドアから出し、せっせと喫煙に励んでいた。

先日、久々にB教授に会った。「最近これにハマっている」と見せられたのは懐中時計。「数百万円を使い、いろいろと買い集めました」と自慢。僕が帰り支度をしていると「最後にこれだけは聞け」とコレクションを並べる。そして、懐中時計の蓋を開けチクタクと音を鳴らす。「ほら、鈴虫の鳴き声に聞こえませんか？」とさらに自慢。

Bidai Word
彫刻刀…小学校の図工の授業で使ったアレ。扱いに注意。

39

教授はプラチナ色

美大の教授は超変人。ファッション学科の教授は、ビジュアル面でもキテいた。

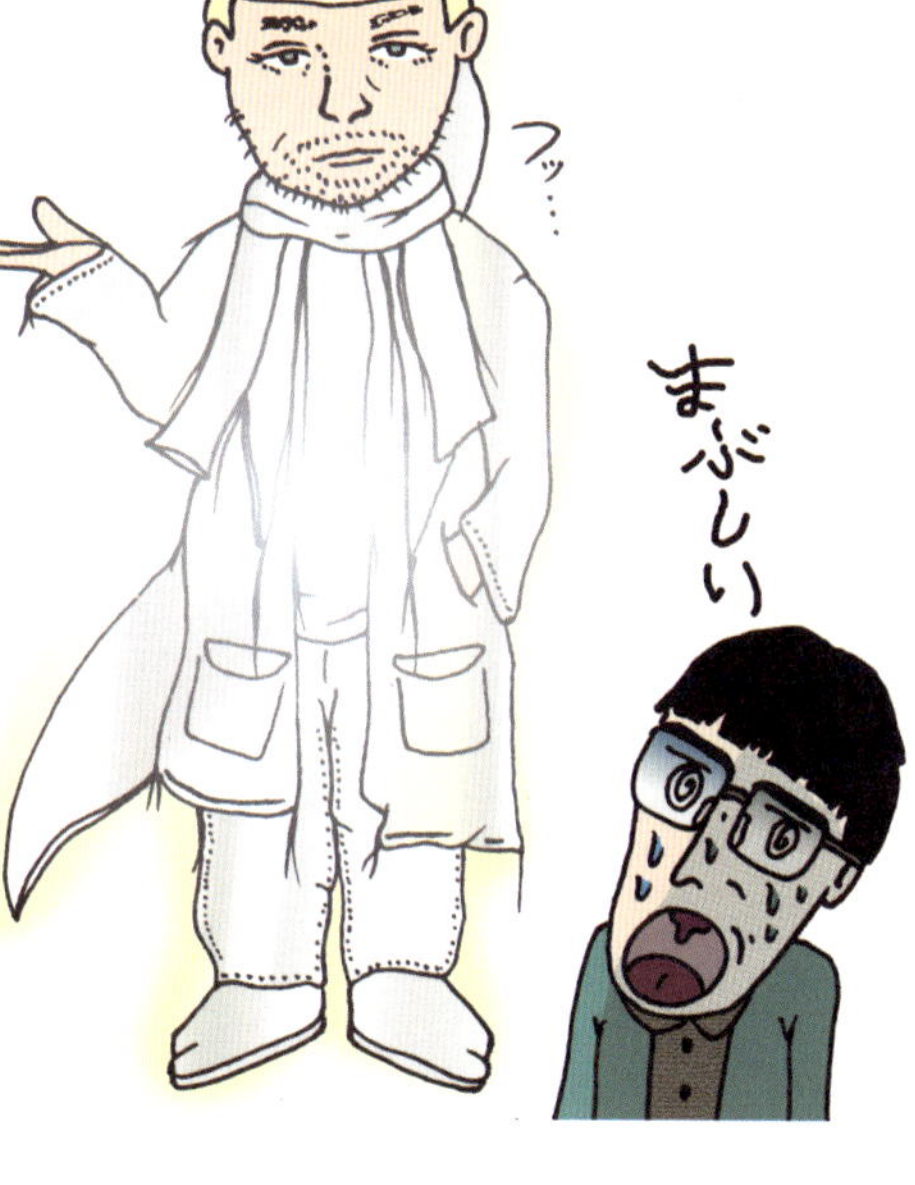

ある晴れた日、校門をくぐると遠くに白色の物体がチラついた。凝視すると、そこだけ白く空間が抜けている。「何だアレ？」と距離を詰めるとファッション学科D教授。カレーうどんは絶対に食べられないだろう純白の服を着ていた。いや、キテいた。

ロングコート、ボンタンのように太いズボン、頭には長いターバンが巻かれている。場における白の専有率は、ウエディングドレスに匹敵。普通ならイタい人。しかし、嫌味なほど似合っていた。

また、D教授はゼミのオシャレに厳しいことで有名だった。教室に入った瞬間、全身をくまなくファッションチェック。服が似合っていないと「ダサい」と熱血指導。ゼミ旅行中に「今年は赤を基調に」といったファッションコードを設ける徹底っぷり。こうやってビジュアルを鍛えていく。

Bidai Word
つなぎ…汚れる作業の多い美大生が愛用。４年間ほぼ、この服で通す人もいる。

40 教授は学生の就職に無関心

大学説明会。親は口を揃えて「就職できるんですか?」と教授に尋ねる。

建前

高額な学費を払う美大に進ませたがゆえに、穀潰しになったらたまらない。アウトサイダーな学び舎に、子どもを入れてしまった不安もあるのだろう。教授陣は、親心を理解し、丁寧に「就職できますよ、ここで習うことは社会的に意味があることです」と説く。

卒業後、こんな話を教授から聞いた。酒の力もあり本音もこぼれる。

「本当は就職説明とかやりたくないのよ、美大に入った時点で就職とか考えちゃダメ」

教授が入学した時代は「美大に入ること＝美術との心中」を意味した。過激な発言も漏れる。その意見もわかるが「教授というポストに収まった勝者だから言えるセリフだなぁ」と思ったのが本音。学科によって違いはあるが、美大全体の就職率を見ると一般大学よりかなり低い。

Bidai Word
デザイン系…デザインを学ぶ学科の総称。グラフィック、プロダクト、空間などいろいろ。

41

秋元康先生の特別授業

2007年〜2013年まで、京都造形芸術大学の副学長は秋元康だった。

秋元康は年に数回ほど来校し、授業をした。良く言えば大学の質を担保するブランド、悪く言えば客寄せパンダ。しかし、天下の名プロデューサーだ、その客寄せパンダっぷりも並じゃない。

大学のオープンキャンパスで、秋元康が司会を務めるトークショーが行われた。そのゲストが村上隆とリリー・フランキー！　エンタメ、アート、サブカルの頂点が集まった鼎談（ていだん）。これぞ人脈力といえるイベントであった。

僕も一度だけ秋元康の授業を受けたことがある。話が終わり、質問の時間となり、いの一番に手を挙げて質問をした。「僕って、自分では天才だと思うんですが、いかがでしょうか？」「本当の天才は、自分が天才であることを疑わないから、私にその質問をする時点で君は天才ではない」。イタい質問にも丁寧な回答。秋元康はスゴい。

Bidai Word
デッサン…中学校の美術の授業でも学ぶ、美術の基本。

N U Art
Nihon University College of Art

日本大学芸術学部

江古田の道も所沢から！

日本大学芸術学部、略して日芸。そんな日芸の功績が、日本を代表する喜劇人を輩出している点。三谷幸喜、宮藤官九郎、爆笑問題とビッグネームが揃う。

なかでも爆笑問題は、日芸生から最も愛される先輩。「爆問が嫌いという同級生に会ったことがない」と日芸の卒業生。日芸を広めた功績を称える日藝賞を受賞した爆笑問題が母校に凱旋。その際、太田光と田中裕二を一目見るために日芸生500人以上が大講堂にあふれ返った。

日芸といえば「江古田」をイメージする。しかし、江古田キャンパスは3年次、4年次のみ。1年次、2年次は西武新宿線航空公園駅から学バスで15分の所沢キャンパスに通う。

学バスに乗るためには、学内だけで販売している1枚100円のバス券が必須。航空公園駅では売っていないので、登校時に券がないとバスに乗れない。そんなときは、身近にいる日芸生にバス券を売ってもらう。

なかには、バス券をキッカケに交際したカップルもいる。券を巧みに利用した出会い方を「バス券ナンパ」と呼ぶ。

陸の孤島への登校を2年間耐えた者のみ、江古田キャンパスの門が開く。

授業後は、江古田の飲み屋に集結するのが日芸スタイル。南口（ナンコウ）にある居酒屋「お志ど里」は日芸生御用達。「行けば知り合いが絶対にいる」と日芸の卒業生。まるで昭和の大学生だ。

江古田駅周辺のカルチャーは、日芸生の演出によって成り立っている部分が強い。今も昔も日芸生が監督となり、街全体でノスタルジーな演技を続けている。

第5章

美大生はクセがすごい

美大生は4年間でいろいろなジャンルを雑食。
クリエイターの影響をモロに受け、コロコロと
嗜好が変化する。結果、クセだけが増えていく。

42

フェチ、フェチ、フェチ！個性的な執着「フェチ」。美大には常人には理解できないフェチを持った人たちが大集結。

「私、鎖骨フェチなんだ」と言っていた先輩。次に会ったときは、「今では骨全部好きなんだよね」と骨フェチへと進化していた。そんな先輩の骨への執着は人間以外にも飛び火。「猫の骨が欲しい」と道で拾った猫の死体を美大の砂場に埋めた。1年後に回収し、自らの手で骨を組み上げた。完成品を見せてもらったが、ことのほか見事な猫の骨格標本がそこにはあった。

先輩は特別なパッションだけど、骨フェチは多い部類。他には、虫フェチ、仏像フェチ、新興宗教フェチなどがいた。自らの執着をテーマに、作品を制作するのもよくある話。宗教と映像が好きなB君は、新興宗教へ1年間潜入したドキュメンタリー映画を製作。しかも、オール隠し撮り。「よくここまでやるな！」とツッコミたくなる、どうしようもないフェチが集まる美大である。

Bidai Word
テレピン油…油絵の具の粘性や濃度を調整する植物性の溶き油。

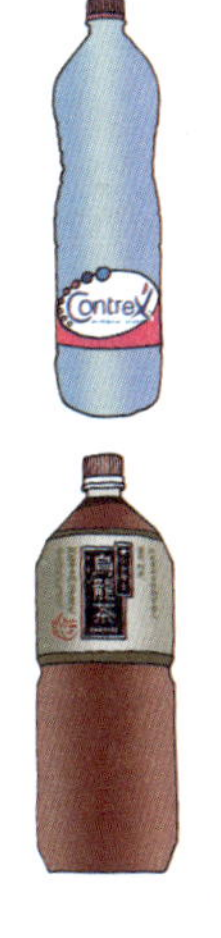

43 商品は「見た目」重視 日々鍛えた審美眼により、日用品は品質ではなく、造形的な美しさで選択する。

デザイン学科の美大生は、デザインについて日々学ぶ。ある程度の知識を得ると、ダサいと思うデザインは周りに置きたくないと選別を始める。広告デザイン、パッケージデザインに優れる商品を並べて悦に入る。

そのこだわりは、家具にも侵食。金もないくせに建築家ル・コルビュジエがデザインした高級ソファをチェック。大塚家具に行き、座り心地を確かめて、えびす顔。

絵を描く美大生は、色へのこだわりが強い人が多かった。後輩T君は、とにかく「青」が好き。作品も青だし、服も青、髪の毛も青かった。客観視すると「自己演出甚だしい」が、本人は決まっていると思っていたようだ。「そんなヤツいないよ」と言うだろう。コレ全部、本当の話。

美大生は、大なり小なりこういった傾向が強い。

Bidai Word
テンペラ…乳化作用を持つ物質を固着材に使った絵の具、またはこれで描いた絵。

44 誕生日はサプライズとともに 恋人の誕生日に贈るのは 自分の作品。世界に一つだけのプレゼント。

先輩のHさんは「付き合っていた彼氏の写真とポエムを組み合わせた一冊の本をつくったことがある」と顔を赤らめながら話してくれた。お金はないが良いプレゼントを贈りたい、ならば自分でつくるしかない！　美大生のクリエイティブ魂は、こんなところで発揮される。後輩のEは「彼女の顔をモデルに、絵本を描いた」と話す。僕も彼女の似顔絵を何十枚と描いたことか！

　ジャニーズ好きの美大女子の誕生日を祝うために、クラス全員が協力したサプライズもあった。美大男子がアイドル風にブロマイドを撮影。それを大きく印刷し、学内で展示するまでがプレゼント。他クラスの僕は、偶然にその展示を目撃し、クオリティの高さに驚いた。モノをつくることは、人を喜ばせること。美大生は、そんなことを日々のサプライズから学ぶのだ。

Bidai Word
トリエンナーレ…３年に１回開かれる国際美術展覧会。「横浜トリエンナーレ」が有名。

45 理想の彼氏はフランス人

自立心が強い美大女子。彼女たちから見れば、美大男子はガキ同然。

自立心、向上心、独立心も強い。そんな美大女子の男性経験は豊富。先輩、デザイナー、証券会社勤務と交際相手をステップアップする。最終的には「日本人男性そのものが幼稚だわぁ」と嘆く。そして、外国人男性との交際を望む。

僕の調査では人気ナンバーワン外国人はフランス人。飲むたびに「フランス人と付き合いたい」と荒ぶる。美大女子曰く、フランス人は紳士的かつ知性もあり、何よりも自主性を尊重してくれるらしい。要するに、ガキではないってこと！

こんな発言を繰り返すが、実際に交際する人は少ない。自立心強めなタイプは、意外と早く「安定が一番」と気づく。卒業後、あっさりと家柄と収入に優れたフツメンと結婚。美大で得た造形能力は、子育てに多分に活かされる。そして、「子育てって一番のクリエイティブだよ」と語るんだ。

Bidai Word
名村大成堂…水彩、油彩など画材筆をつくっている、美大生御用達の企業。

46 変わり者だと思われたい 普通の人とは異なったモノを愛でたがーる。つまりはサブカル。

「変わり者なんだ」と頻繁に言われる美大生。そんなことを言われ続けると「(自分も)変わっていたほうがいいのか……」と考えがちになる。変わり者を自己演出、そんなときに頼るのがサブカルチャー、略称「サブカル」である。

手始めに、カルト映画の帝王デヴィッド・リンチの「イレイザーヘッド」を鑑賞。カルト映画に触れて、ハリウッド大作をバカにすることを習得。大好きだった「アルマゲドン」もディスる。

名画座通いもスタート。鈴木清順や寺山修司の耽美(たんび)な世界観を理解したフリをする。正直、作品の内容はまったく理解していない。ただ、センスが良い人が褒めた作品は追随して褒めていくスタイル。こうなっちゃうと変人でもない、ただのサブカル野郎。

僕を含めて美大生はこのようなタイプが多い。

Bidai Word
日本画…足がない幽霊画も日本画。理由はわからないが、日本画科の女子は美人が多い。

47 ディズニーが嫌い!?
「自分は美大生である」と潜在意識を洗脳していく。ベタを排除し、センスを鍛える。

傍から見て、センスがある人になる。そのためには、美術館で子どもの落書きに似た絵画を見ることも厭わない。価値はわからないが「良かったよね」と同級生と確認し合う。一番マズイのは「センスないな」とナメられること。旅行ですら、ベタを排除。静岡・熱海の「熱海秘宝館」に行き、茨城・牛久の「牛久大仏」を眺め、東京・浅草の「浅草花やしき」で遊ぶ。これが〝美大版お遍路〟。

そんな我々の最も忌み嫌うスポットがベタの頂点、ディズニーランド。美大生のなかにも「ディズニー大好き」な人もいるが少数派。大多数はディズニーを親の仇のように嫌う。万人が「最高に楽しい」と言う場所に唾を吐くのが、美大のパンクスピリット。しかし、美大生も卒業すればただの人。卒業後、僕もディズニーランドへ行ったが、むちゃくちゃ楽しかった。

Bidai Word

日展…「日本美術展覧会」の略称。入選すると箔がつく。芸能人がよく入選するのは「二科展」。

48 「情熱大陸」は観るドラッグ

課題に追われていると憂鬱に。
気分転換したいが遊ぶ暇もない。
そんなときは「情熱大陸」に頼る。

TBS「情熱大陸」やNHK「プロフェッショナル　仕事の流儀」にクリエイターが出演する放送を観て、テンションを上げる。華々しく活躍する先人を見て、「私もいつか……!」と気分をハイに持っていく。自己啓発が強めの番組は、観る合法ドラッグ。疲れ切った深夜の美大生を救う。

僕もリリー・フランキーの「情熱大陸」を何回YouTubeで観たかわからない。東京・代官山にある事務所に憧れ、イラストの線の上手さに驚き、万年筆から吐きだされる美しい文字を崇拝した。ドキュメンタリー番組は、制作の苦労も映しだされる。モノをつくることは、地味な行為の連続だと再確認。作品は派手だが、自分は地味でいい。そんな初歩的なことを思い出させてくれる。

観終わった頃にはやる気も復活。再び「うんうんうん」と唸りながら作業に戻るのだ。

Bidai Word
練りゴム…粘土のように柔らかい消しゴム。暇なときに丸めて球体にする。

49 芸能人アーティストが大キライ

ベテラン芸能人による アーティスト活動という戯れ。 インスピレーションで絵を描く。

芸能人アートを見ると、「いけすかないなぁ」と思う。美大生は「本気でやっていることを芸能人パワーを使って蹂躙(じゅうりん)されたら困る」と感じる。芸能人アーティストを彩るのは「感性、自由、ひらめき」というフレーズ。これには辟易(へきえき)。たしかにアートには感性も大事。しかし、それ以上に色の配置などを考える論理的な思考が重要だ。それを勉強せずに作品をつくるので、芸能人が描く絵は総じて脆(もろ)い。画力も低いため、絵の幅も狭いから嫌になっちゃう。

しかし、芸能人アーティストになるとメディアが取り上げる。集客力もあるので、好き勝手に感性を垂れ流した絵も好評価を得る。意気揚々とアートについて熱弁する芸能人を見ると、「結局は絵の良さじゃなくて知名度かい！」とツッコミ入れたくなる。

Bidai Word
ノギス…厚さのあるモノを測るのに適した器具。モノを挟んで測る。

50

みんなカメラを持っている美大生はカメラが大好き。数ある機種のなかでもCanon のEOS Kissが好き。

デジタル一眼を手に入れた美大生がまずやること。それは著名写真家のマネ。スナップで有名な森山大道のごとく、夜の新宿を徘徊し撮影。しかし、客引きに絡まれて逃げるように帰宅。

「蜷川実花のような鮮やかな花を撮るぞ!」とシャッターを切る。モニターでチェックをするが、そこには現実そのままのパッとしない花。同じ道具だから、同じ写真が撮れる。そんな淡い希望も崩れる。以上、僕の実話である。

その後にハマるのが荒木経惟の世界観。淫靡(いんび)かつインテリジェンスな写真に惚れる。後輩の美大女子は、部屋中にアラーキーの写真を貼っていた。カメラのむずかしさは知っているので、「アラーキーみたいな写真が撮りたい」とは言わない。ただ、「アラーキーにならヌードを撮ってもらってもいい」と語る。

Bidai Word
パース…近くの形状を大きく、遠くの形状を小さく描く技法。習得がむずかしい。

51 美大生に必要なのはMac

クリエイティブな道具を集め、自分を磨くことで美大生となる。まずはMacBook Proを買う。

通過儀礼

「弘法筆を選ばず」。これは達人に至った人の境地。美大生は過渡期だから、道具に精一杯こだわる。まず、コンピュータはMacと相場は決まっている。美大生の半数以上が、入学祝いとしてMacBook Proをねだる。購入場所は、アップルストアがベスト。真っ白い店内で、緊張しながら買うことが醍醐味。これが高校生から美大生になる通過儀礼なんだ。僕も買ったときに「これで僕もMacユーザーだ！　美大生だ！」と妙な肯定感を得た。このMacBook Proは、喜びも悲しみも共有するキャンパスライフの相棒となる。

これだけじゃ、まだまだ足りない。あとに続くのは、一眼レフカメラである。機能の半分も使いこなせないが、ビジュアル面での演出を支える最適なアイテム。想像上の美大生を自ら再現することで本物となっていくんだ。

Bidai Word
ブルータス…美大生なら一度は描いた経験がある石膏像。マガジンハウスの雑誌ではない。

52

煙が目にしみる

喫煙率が下がるなかで喫煙に励む。悩みつつ一服、一休みに一服、完成した安堵感で一服……。

タバコ

作品制作とタバコの相性は非常に良い。しかし、禁煙ブームが訪れてからは、美大構内の喫煙所もめっきり少なくなったらしい。

僕が美大生だった7年前には各所にあった。男女ともに喫煙率は高く、愛煙家でごった返す。授業が終わると、先生も学生も喫煙所へダッシュ。タバコを吸いながら授業の延長戦。これぞタバコミュニケーション。先生が、喫煙所でポロっと重要なことを言ったりする。だから、タバコはやめられない。

喫煙所でしか会えないレアな友人もいた。タバコを吸う5分間しか話さないので、学科も名前もわからないが、同じ大学で美術を学んでいる、そんな薄いつながりでも仲良くできた。クラスメイトとは違う、心地よい距離感がある関係が気持ち良かった。タバコの煙と相まって。

Bidai Word

搬入・搬出…展示場に作品を持ち込むこと。後者はその逆。大作は軽トラなどで持ち込む。

53 美大生はノートがいらない？ 代わりにクロッキー帳を肌身離さず持ち歩く。そこには美大生活のすべてが記録される。

僕の時代は、マルマンのクロッキー帳が定番だった。現役生は、美大で発売している校章入りクロッキー帳を使用しているらしい。「販売したら売れる！」と美大が気づき商品化の運びとなったのだろう。このような美大オリジナルグッズの売れ行きは好調。今となっては、扇子や手ぬぐいと、美術と全然関係ないものまでラインナップ。

美大生はクロッキー帳に何でも描く。アイデアスケッチ、メモ、一般科目のノートもとる。これ1冊ですべてをこなす。ルーズリーフを使い、几帳面に区分する人はいない。皆、消しカスやインクで汚れたクロッキー帳に、美大生活のすべてを記録していく。

僕はクロッキー帳をいまだに捨てられない。時折、ページをめくっては過去の自分と邂逅（かいこう）する。そして、描いてあるスケベな落書きに落胆する。

Bidai Word
廃材置き場…美大にある夢の島。ゴミを拾ってヤフオクで転売する猛者もいる。

54 溜まり場は「世界堂」

大学生は飲み屋に溜まる。ならば、美大生は？　画材店に溜まる。

大学近くには学生の溜まり場があるもの。喫茶店や飲み屋がその定番。そこに行けば知り合いがいて、時間を潰せる。もちろん、美大生にも溜まり場はある。しかし、それは飲食店ではない。「世界堂」だ。

世界堂とは、関東一円ならびに名古屋に12店舗展開する日本最大の画材店。キャッチコピーは「モナリザもアッと驚くこの品揃え！　この価格！」。新宿3丁目にある本店の規模はとにかく大きい。1〜5階まで所狭しと画材が並ぶ。「和紙、ハリガネ、巨大な額、タヌキの毛でつくった筆が欲しいなぁ」と足を運んで、世界堂だけで事足りてしまう。

そんな画材のデパートに美大生は溜まる。メモを片手に荒んだ顔でフロアをさまよっている人がいたら美大生の確率大。課題前でテンパっている状態ですな。

店内を歩いていると、知人と偶然会うこともたびたび。そんなときに役立つのが、5階にある喫茶店「パレット」。ここでお茶する（土日でも比較的空いているのでオススメ！）。

制作にこだわりが増す高学年になると、世界堂から足が遠のく。それはなぜか？　答えは、よりマニアックな素材を求め、業者と直接交渉を始めるからだ。

Bidai Word
ビエンナーレ…2年に1回開かれる美術展覧会。全部見るのは一苦労。

Bidai Word
筆洗油…「油絵具を使用した筆を洗浄する際に使う溶剤」と知人。

大阪芸術大学

「芸術」と「芸人」は一字違い！

「新世紀エヴァンゲリオン」をつくった庵野秀明の母校（中退）として著名な大阪芸術大学（通称：ダイゲイ）。

「やはりダイゲイ！」と思うのは〝笑い〟の絶えまない追求。90年代の関西小劇場ブームの根幹もここにあり。松尾貴史、渡辺いっけい、古田新太も同校の出身者。芸達者の人が多い。

目立つためなら恥も捨てられる。学内を黒装束で走り回る忍術研究会。落書きだらけの〝芸大犬〟もいる。大学指定のジャージにプリントされた「大阪芸大」の一字を変えて「大阪芸人」にするのも定番。

ダイゲイ出身の先輩は、僕に「芸術が好きな人が来る大学とちゃう。とにかくおもろいことをしたいバカな若者が集うのがダイゲイなんや。もう、授業とかもメチャクチャだったよ」と書けない話をたくさん話してくれた。

余談になるが、この先輩の同級生にいた東京出身者は4年間、「関西ノリがキツイ、東京に帰りたい」と言い続けていたとか。関西イズムなき人には、しんどい大学であることに間違いはない。

落語研究会から吉本興業に進む学生もいるが、大成した人は少ない。これは有名なジンクス。

ちなみに、本書の編集担当のEさんもダイゲイ出身者。普段は物静かなので「ダイゲイイズムが薄い人だなぁ」と思っていたが、じっくり話をして納得。かつてM-1、R-1、キングオブコントの予選に出場していたとか。

「笑いをとったり、目立つのが大好きなんですよ」

Eさんは目を輝かせて話す。

普段は静かに生活しているが、笑いへの強烈な渇望を持つ。社会に潜む、隠れダイゲイ生は多い。

第6章

美大はイベントが目白押し

モノをつくり続ける日常は文化祭の前日に似ている。
美大での生活は常にイベントなんだ。芸祭、展示、
飲み会など。美大生は忙しい。

55

無駄に豪華な入学式・卒業式

ムサビの入学式はスゴい。入場料を払ってでも見たい。それほど豪華な演出だ。

ムサビの入学式は、卒業生でもある有名舞台監督が演出。オリジナルテーマ曲は教授が作曲。美大生の有志も使い放題。そりゃあクオリティも高くなる。入学式を見た新入生は「コレが美大か」と胸が躍る。しかし、派手さと豪華さでいえば入学式が頂点。ムサビ側からすると「うちはスゲェだろ」と最初に締めておくのだ。

タマビは卒業式がスゴい。毎年、プロダクトデザイン専攻の学生によるパフォーマンスが話題を呼ぶ。2016年は映画「マッドマックス　怒りのデス・ロード」の世界観を再現。クオリティの高い演出にネット上でもバズった。

ちなみに金沢美術工芸大学は、自前のコスプレで卒業式に出席することで有名。歴史も古く80年代初頭から始まったという。30年以上続くなら、そりゃあもう伝統だ。

Bidai Word
「美術手帖」…(株)美術出版社から刊行されている月刊の美術誌。定価1728円(税込、2017年2月現在)。

56 下心なしの健全な飲み会

大学生と飲み会は相思相愛。美大生にとって飲み会とは、美を語り合うための機会。

芸術談義

美大の飲み会は、課題が一段落つくと開かれる。酒を片手に、課題の感想や教授の悪口で盛り上がる。夜も深まると、〝美〟という曖昧な概念が肴(さかな)となる。といっても好きな作家の話をするぐらいだけど。女子比率が多い美大、僕が体験した飲み会で場が荒れたことはない。コールやイッキもなく、健全に事が運ぶ。

僕は社会人になってから、「一般大学」の飲み会を取材したことがある。そこで、大学生飲みの洗礼を受けた。目が合えば、男女関係なくコールが歌われる。飲まない人が空気を読めない的な状況に誘われる。「これぞスーパーフリー状態か⁉」と面食らった。しかし、取材者という立場の僕にコール指名はない。泥酔する大学生を横目に肝を冷やした28歳の夏。このときほど、「美大で良かったぁ」と思ったことはない。

Bidai Word
ファイン系…油絵、彫刻、日本画といった純粋芸術を学ぶ学科の総称。

57

芸祭は「奇祭」なり
美大の学祭を「芸祭」と呼ぶ。来場者も多く、学内は異常な様相となる。

最近、メディアで話題になることも多い美大の学祭、芸祭。

ムサビの芸祭はネット上でバズったこともあり、大人気。普段の閑散とした学内からは、想像もつかないほどに混雑する。

名物は、男性器と女性器をかたどった巨大な神輿だ。30年以上彫刻学科に受け継がれる伝統行事といえる。ちなみに、造形はかなりリアル。

最も盛り上がるのが、神輿のドッキング式。雄型をふんどし姿の美大男子、雌型をレディース姿の美大女子が担ぐ。学内を一周したあと、男子が女子を口説くパフォーマンスが披露され、2つの神輿は合体。この擬似セックスを親、そして老若男女の客がまじまじと鑑賞する。その光景は非日常。

他にも展示、ゲイバー、サンバパレード、近年はフェスまで開かれる始末だ。学内の隅から隅まで純度の高い祭り状態。誰も立ち寄らない裏庭で、ひっそり絵が展示されたりと宝探し的な面白さもある。年々バージョンアップを重ねた結果、3日間の開催で来場者は4万人を超える。

先輩によると、半世紀ほど前の芸祭は24時間開催。ウッドストック的なムードもあったらしい。しかし、いつからか浄化され、今ではクリーン。安全な奇祭は、多くの人を喜ばせる。

Bidai Word

Photoshop…画像を加工するためのソフト。本書のイラストはこれで彩色した。

Bidai Word
風景画…景色を描く絵。悠々自適のおっさんが趣味で描くイメージ。

58

青春の学外プロジェクト

若き美大生の制作欲に停滞はない。学年を重ねていくと、学外プロジェクトに身を投じる。

僕も現役時代に、青森県十和田市を盛り上げるプロジェクト「SozoAge」に参加した。商店街の仕事を手伝いつつ、パフォーマンスや展示を行う。十和田市長を呼んで、公開討論会まで開催。宿泊費の節約のため、使われていないビルの一室をレンタル。クーラーもない猛暑の部屋で、男女一緒に雑魚寝。作業量に対して人数が足りていないので、ずっと作業を続けていた。振り返ると「タダでよくやったなぁ」と思うが、無駄なことに労力を割いてこそ青春。それは楽しい日々だった。

ちなみに、美大生が学校の黒板に上手い絵を描き残して小学生を驚かす「黒板ジャック」。これもムサビの学外プロジェクト。メディアでも話題となった大成功例だ。僕が参加したプロジェクトは全国放送されず、青森放送止まり。黒板ジャックのチヤホヤがうらやましい。

Bidai Word
プロダクトデザイン…製品に関するデザイン。昔はSONYのプロダクトデザインが花形だった。

59 学外展示に来る謎のオッサン

学外で展示をすると、謎のオッサンがやって来る。そして場をかき乱して去っていく。

作品を制作し、学内で展示。この一連が課題なんてこともある。美大生は、ここで展示することの楽しさに目覚める。そして「もっとやりたい！次は学外だ！」と息を荒らげる。学内展示で学んだノウハウを活かし、学外展示も滞りなく開催。見に来てくれた客の扱い方以外は……。

学内の展示を見に来るのは美大関係者限定。しかし、学外となると違う。なかには「アイツ、誰の知り合い？」と言いたくなるオッサンがやって来る。オッサンは作品に興味はない。一瞬で見終わると「ねぇねぇ」と女子に声をかける。そこから怒涛（どとう）のマシンガントーク。話す内容は苦労話、成功談、人脈自慢。カワイイ子がいると「今度、お茶しませんか」とナンパ。注意するとオッサンは憤怒するから要注意。学外展示の成功は、オッサンの排除にかかっている。

Bidai Word
ペーパーセメント…貼ったあとでも接着物を傷めずにはがせる便利な接着剤。

60

アイドルオタクはふた味違う 世界観を完璧につくり上げ、鑑賞者の心をくすぐる。美術とアイドルは似ている。

美大生には、ディープなアイドルファン（オタク）が多い。美術とアイドル、言い切ってしまえば究極のサービス業。そこにシンパシーを抱き、どっぷりハマるのだろうか。

好きが行きすぎて、アイドル好きを表明する自主公演を行う人も多かった。それぞれの愛が、異なったスタイルでイベント化される。

先輩のRさんは、自らアイドルとなった。地味なルックスを逆手にとった、アイドル然としたパフォーマンスを披露。構内の壁にはRさんのライブのチラシがよく貼ってあった。

同級生のH君は「アイドルを崇拝（すうはい）する行為」が卒業制作のテーマ。アイドルを祀（まつ）るピンク色の神社をつくり上げた。自ら神主のコスプレをし、アイドルを勝手にご祈祷。「異常だ」としか言えないパフォーマンスだったと記憶している。

最も印象に残っているのが、モーニング娘。のライブを完コピした美形のS君。ガラス扉の前で、ダンス練習をしている姿を幾度となく見かけた。僕も一度ライブを見たことがある。狭い教室で、一人パフォーマンスする彼の充実した笑顔が素晴らしかった。

いつの時代でも、アイドルオタクの美大生は一定数いる。彼らは、アイドルへの愛をイベントとして表現する。

Bidai Word
ペインティングナイフ…油絵で使う小さなコテ。刃物ではないので切れない。

Bidai Word
ポピーオイル…油絵の具の粘性や濃度を調節するための薄め液。

61

豊作の年、不作の年がある

芸祭が外様に向けたイベントなら、卒業制作展は内輪のイベント。美大で学んだ成果を発表する。

今年の美大生は、豊作だ!

同期

毎年、卒業制作展に通っていると、クオリティにかなり差があると気づく。ムサビでいえば、僕の2学年上は全体的にスゴかった。

その旨を長年美大に勤める知人に聞くと、「おぉ、バレましたか」とあっけらかん。彼が語るに、屋外に置かれる巨大な彫刻作品が出来不出来のバロメーターだとか。それが冴えていると学生の作品の質が全体的に高い。あと、誰もが認める中心人物がいる学年は盛り上がるとか。

ムサビで最も豊作だったのは、サブカルキングのみうらじゅん、CMディレクターの中島信也、カーデザイナーの奥山清行の学年だろう。また、この3人がクラスメイトだったというからスゴい。別ジャンルの頂点が揃い踏み。

あくまで余談だが、僕の学年は周りから「寒い学年」と言われるほど不作であった。

Bidai Word
ホワイトキューブ…壁や床が真っ白な展示空間。汚れが目立つので管理が大変。

62

卒業制作は予言する

美大生は4年生になると、卒業制作と対峙する。そんな卒制のジンクス……。

教授のゼミに入り、1年じっくりと時間をかけて卒制を進める。授業のたびに教授は「コレが滑ったら、卒業後数年は滑りますよ。卒制は予言しますから。これオーバーじゃなく本当なんだから！」と口酸っぱく話す。当初は「またまた冗談を」と話半分に受け止めていた。しかし、耳にタコができるほど言うので現実味を帯びてくる。「滑りたくない」一心で制作を行うが、美術はむずかしい。努力したから評価されるわけではない。

僕の卒制は見事に滑った。プレゼンも大失敗した。教授による評価は、自己評価の半分にも満たない寒々しいものであった。

そして予言は見事に的中。卒業してから5年間は、僕の人生はツキに見放される。仕事がないから金もない。金がないから心がすさむ。すさむからモテない。これぞ負のスパイラルライフ。

Bidai Word
マスキングテープ…絵の具を塗りたくない部分に貼るテープ。はがすと貼った部分だけ地が残る。

金沢美術工芸大学
モノづくりに打ち込める実力校

本書を書くにあたり、美術、美大をテーマにした本や漫画を数多く読んだ。そのなかで最も衝撃を受けたのが東村アキコ著「かくかくしかじか」（集英社）である。この漫画の最終巻を読んだとき、絶句した。そこには、この本で僕が書きたかった美大生の本心が描かれているではないか！

前置きが長くなったが、本書に多大な影響をもたらした東村アキコの出身校が金沢美術工芸大学（通称：金美）である。東京の美大生にとって、「金美は実力派」と伝わる未知の強豪校。

金沢住民にとっても自慢の金美には、地元出身者も多い。小高い丘の上にある大学へは、車やバイクで通学。そんな難儀な場所にある校舎からは、金沢の美しい街並みが見渡せる。

大学名にもあるように、工芸の授業に重きを置く。卒業後、地元の職人に弟子入りする人もいる。1クラスが20人と少数精鋭なので、指導も手厚い。「工芸の授業に関していえば、ほぼマンツーマンだったよ」と元金美生。こんなディープな4年間を過ごせば、必然的に力も伸びる。

就職した先輩が母校を訪問し、才能がある後輩をすくい上げる仕組みも機能している。ここに、金美ブランドを育てる良き循環を見たね。

卒業制作の展示は金沢21世紀美術館、コスプレで参加する卒業式と最後の思い出づくりもバッチリだ。

元金美生は「金沢は派手な街じゃないけど、アートが根づいた街だからピュアにモノづくりに打ち込める」と語る。総じて感じの良い美大が金美なんだ。ここまでくると金美の悪口も聞きたくなる。

第7章

美大生以前、美大生以後

長い人生で美大生だった4年間は一時の出来事。
普通の高校生が美大生となり、普通の人に戻り、
美大を去っていくのだ。

63 汗と涙の美大生養成所

美大入試は絵の能力を問われる。その対策を学ぶ場所が、「美術予備校」である。

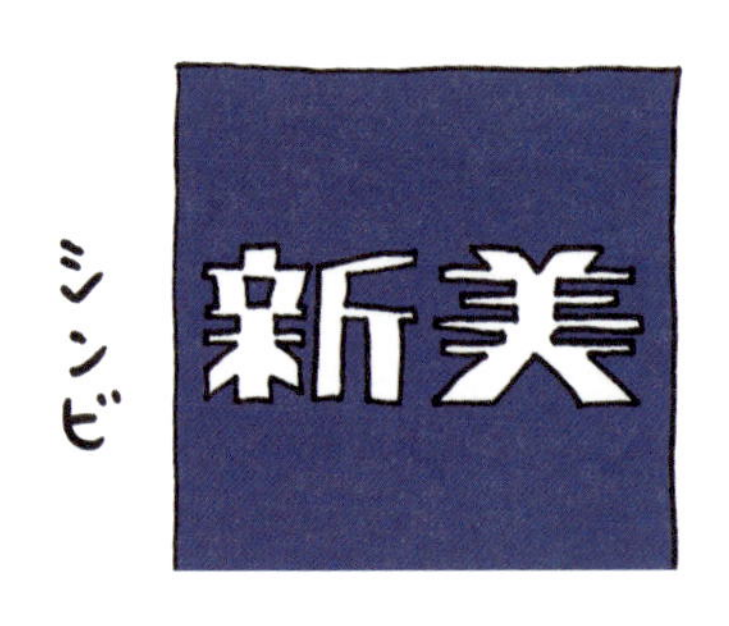

東京では、新宿美術学院（通称：新美）、すいどーばた美術学院（通称：どばた）、御茶の水美術学院（通称：お茶美）が三大勢力。関東出身者は、いずれかの予備校に入っている可能性が高い。

だから、入学式の時点で友達が大勢なんてこともザラ。地方組は、入学式なのに仲間内ではしゃぐ関東組に面食らう。

講師に怒られて泣き、褒められて笑い、仲間と多くの時間を共有する予備校。「美大よりも母校愛を感じる」という人もいる。愛が行きすぎて「新美は奇抜なだけ」「どばたは絵がウルサイ」「お茶美は古臭い」とお互いをディスるのはご愛嬌。

各予備校に伝わる逸話も良い。新美には運動会があった。しかし、生徒が徒競走で転倒し右腕を骨折してからは廃止に。嘘のような本当の話である。

Bidai Word
Mac…Appleが開発したオペレーティングシステム。美大生の多くはMacユーザー。

64
技術はデッサンで磨かれる

美術の基本はデッサン。さまざまなモチーフを描きこなす技。習得するには修行が必須。

描くモチーフは、石膏、植物、ヌードと数限りない。とはいっても、最初から正確なカタチを捉えることはむずかしい。構造がシンプルな野菜を描くことから始める。1つの野菜をじっくりと観察しながら、丁寧に描く。この修練を繰り返すことで、モノを見る力を身につける。

受験が近づくと、修練を超えて修行の域。1日12時間以上をデッサンに費やす。

鉛筆にもこだわる。6Bから6Hまで自分のタッチに合ったブランドを用意。「uniは温かみがある」「ステッドラーは冷たい」と細かい差があるのだ。芯を極端に長く出した仕様に鉛筆を仕上げる。一本一本を丁寧に削りながら集中力を高め、デッサンに挑む。「美大生は絵が上手い」と言われるが、その技は予備校の修行で得たもの。美大では技術はあまり教えない。

Bidai Word
ミュージアムショップ…美術館・博物館のオリジナル商品を売る店。美術ファンはここで散財する。

65 勝者と敗者の越えられない壁

否応なしに結果が出る受験。美大は大学のランクが明確。勝者と敗者がくっきりと分かれる。

若者の集まる美術予備校で、絵に関する意見の相違は日常茶飯事。「いろいろな意見がある」と認める多様性のある人はいない。自己主張こそアーティストのエネルギー源と盲信。口にこそ出さないが「お前、今の絵だと落ちるぞ」と内心で思っている。若い力をキャンバスにぶつける。

どちらの絵が評価されるか？　その答えは、美大の合否としてはっきり出る。友達Aさんも自身を肯定したいと第一志望の藝大油画専攻の受験に挑んだが、落ちてしまう。運が悪かったのが、意見がぶつかったライバルが合格したこと。

僕とAさんで藝大の藝祭に行ったとき、廊下で偶然そのライバルと会う。一触即発の緊張感が走る。するとライバルがAさんに「なっ！」と一言。すぐに立ち去った。その「なっ！」には「俺のほうが正しかっただろ」が含まれていた。

Bidai Word

水張り…紙をパネルに張り付けるための手法。やり方は美術予備校で教えてくれる。

66

電博の「青田買い」に命懸け

3年生の冬を過ぎると、徐々に始まる就職活動。学内では就職説明会が開催される。

勝ち組

広告代理店の電通や博報堂の就職説明会は、3年生を対象に1月に開催。「青田買い」ですな。デザイナー、人事が美大まで直接足を運ぶ。就職希望者は作品を片手に、担当者と面接する。一次試験をクリアすると、企業側が出す課題に挑戦。何度もふるいにかけられ、勝ち抜いた者が大手代理店のデザイナーとなる。1つの美大で合格者1人ということもザラ。難易度は藝大以上だ。

友達Mさんも電通を目指していた。3日後までに「楽しいイメージを100パターン描く」という課題を大量にこなす。この程度の甲斐性がなきゃ、代理店でやっていけないのだろう。Mさんは途中で脱落したが、名の通ったデザイン事務所へ就職が決まった。僕はといえば就職活動をしない堕落生活。同級生に「アーティストになるんでしょ(笑)」とバカにされていた。

Bidai Word
水張りテープ…水張りの際に使う紙製テープ。糊面に水分が触れることで接着力を発揮する。

67

先輩、母校に錦を飾る就職説明会で母校へ来る卒業生。大教室で大企業で働くこと、その充足感を教えてくれる。

美大生だった元ボンクラも社会で数年揉まれれば、企業戦士。〝凱旋公演〟では、自らしかけたビッグバジェットな仕事を現役美大生の今ボンクラどもに披露してくれる。

タレントを使った広告を解説するドヤ顔、それはまさにギョーカイ人の顔。

美大側は凱旋公演を重要視しているが実はコレ、あまり聞く意味はない。

それはなぜか？

大教室にいる200人のうち、大企業に入るなんてせいぜい7〜8人。聴講する9割の美大生は、先輩が見せる派手な仕事に一生関わることはない。関わっても末端の画像処理など。口が裂けても自分の仕事とは言えない。

デザイン系美大生の就職先は、社員20人ほどの小さなデザイン事務所が多い。そこでの仕事は、業界紙のデザインや堅実な社風で知られる企業のウェブデザインなど。重要な仕事だが美大時代に思い描いた派手さとは一線を画す。正直、地味な日々が続く。

しかし、少人数のデザイン事務所に限ってBGMだけは華やか。

「81.3 J-WAVE〜♪」と常時J-WAVEが流れている。そして、「GROOVE LINE Z」が終わる頃には帰りたくなる。

Bidai Word

明度…色の明るさの度合い。Instagramなどで散々いじっているアレ。

Bidai Word
木炭紙…画用紙よりも和紙に近く、表面はザラザラ。デッサンで使用。

68

美大生の就活事情

美大の就職率は低い。そして、美術と関係のない仕事に就く人も多い。

美大内で異彩を放ったK子先輩が就職したときは驚いた。晴天の日でも雨傘をさしているような変人。「この人はアーティストになるんだろう」と誰もが思っていた。そんな先輩が変わりはじめたのが4年の春。豹柄に染めた髪を黒に戻し、サイケデリックカラーの服からリクルートスーツに衣替え。就職に向かって猪突猛進。優秀な人だったので、大手百貨店から内定をゲットした。

先日、久々にK子先輩と会った。「なんでアーティストにならなかったんですか？」と聞くと、「ある日を境に絵が描けなくなった」と返答。憑き物が落ちるように、美術への熱が冷めたという。美大生の頃は夢中でも、卒業した瞬間に冷める人もいる。10代後半で美術を志し、その情熱を22歳まで保っているほうがある意味、異常。美術と縁遠いところで人生を送る卒業生も多い。

Bidai Word

木版画…木を彫刻刀で彫って絵柄を入れ、その上にインクを載せて刷る。小学校で習ったはず。

69 中目黒か？　高円寺か？卒業後の美大生は「サラリーマン」と「クリエイター」、この2系統に分けられる。

クリエイターは、JR中央線の沿線に住む。安いアパートの物件も多く、貧乏なことが絵になる土壌がある。働かない人が陥る昼夜逆転生活にも対応。深夜営業している飲食店で腹を満たす。特に高円寺は、昼間から飲んでいる自称クリエイターも大勢。そこに紛れれば安心感も獲得できる。

サラリーマンは、東急東横線の沿線に住む。彼らは一流企業に就職した勝ち組美大生。中目黒でインテリアを見たり、三軒茶屋でギョーカイ人と酒を飲んだりする。

高円寺系は、売れれば中目黒にステップアップ。売れなければ飲み屋の店長補佐か。中目黒系は、5年も経てば家庭をつくり郊外にマイホームを購入だ。

最後に、みうらじゅんが糸井重里に言われた金言を。「売れたいなら高円寺を出ろ」。

Bidai Word
ヤスリ…こすることで表面をなめらかにする。ハマるとずっと磨き続けちゃう。

70

意識高い系学生に騙されるな

自分の能力をお金に変えたい。技術を活かしたい。そんな気持ちにつけ込む連中がいる。

美大を卒業して就職しなかった人はフリーランスイバラの道へ。自分で売り込みをして、仕事を取ることが最重要。人脈づくりに奔走し、むやみやたらに人と交流する。そこで出会うのが意識高い系の大学生。

しょぼいウェブメディアを運営する連中は「君のイラストを世に出したい」とFacebookのメッセンジャーで送ってくるだろう。こちらも「仕事、ゲットだぜ」と足取り軽く打ち合わせに臨む。連中は「最初は無料だけど、メディアが軌道に乗ればギャラを払うから」と話す。要するに、無料奉仕のお願い。僕も散々痛い目に遭ってきた。

連中は「最終的には世界を良くしたい」、そんなぼんやりとしたマニフェストを掲げる。本質は詐欺師か夢想家。2017年現在、世界が変わった様子は微塵（みじん）も見られない。

Bidai Word
ユザワヤ…世界堂に次ぐ美大生御用達の店。何でもあるため、散財しがち。

71 「タダでやって！」は禁句 絵やデザインといった特殊技能を身につけた美大卒業生。彼らに必ず起こる悲劇とは……。

今まで「ちょっとイラスト描いてくれない？」と何度となく言われた。ギャラも発生しないので断ると「適当でいいからさ」と続く。適当に描いた絵を渡したこともあるが「雑！」と怒られた。最終的には「好きなんでしょ」とすごまれる。好きは好きだが、無料奉仕するのはお門違い。

こんな被害報告は山ほどある。同級生のT君は、友人の結婚式で使うウェルカムボードを何枚も描いた。ギャラはご祝儀と相殺、もしくはナッシング。『スピーチしてよ！』のノリで来るからしんどい」とT君。ボードの制作を依頼した人々は、彼の描いた絵を見たこともない。ただ美大出身ということだけで気軽に依頼する。

絵に興味がない人ほど描く作業を軽視し、作業時間を想像しない。だから「描いて（タダで）」とねだれる神経を持っちゃうんだ。

Bidai Word
洋画…西洋から伝わった油彩画、水彩画。ピカソ、マチス、ゴッホの絵も洋画ってこと。

72

「最近の美大生、元気ないよね」「どこの大学出身や？」と聞かれる。「美大です」と答えると、「俺も美大や」、これが合図。

説教

飲み屋で美大出身の先輩に出くわしたら、「最近の美大生、元気ないよね」と説教が始まる。美大生は誰でも「自分は美大生だ」という自負があるが、先輩はそのレベルが違う。特に新人類世代の先輩は熱い。今は定員割れもあるムサビだが、当時はすべての学科が15倍以上。「必死に勉強して、バカやりたいヤツが集結するのが美大だったんやね」と熱弁。同世代の有名人、リリー・フランキーも「当時美大に入ることは、世捨て人になる覚悟が必要だった」と語る。

今となってはポピュラーな芸祭も、当時はヤバい。高級な酒を万引し、それを混ぜたたこ焼きを売ったりとメチャクチャ。オールナイトで大騒ぎ。「誰もが大声でありもしない個性を主張してたんや」と先輩談。僕は、こんな説教を計3回受けた経験がある。

Bidai Word
立像…駅前にある珍奇なポージングをする女性の彫刻もこの一つ。

73 「いいね！」が欲しい 作品をつくったからには 多くの人に見てもらいたい。だからSNSで即公開する。

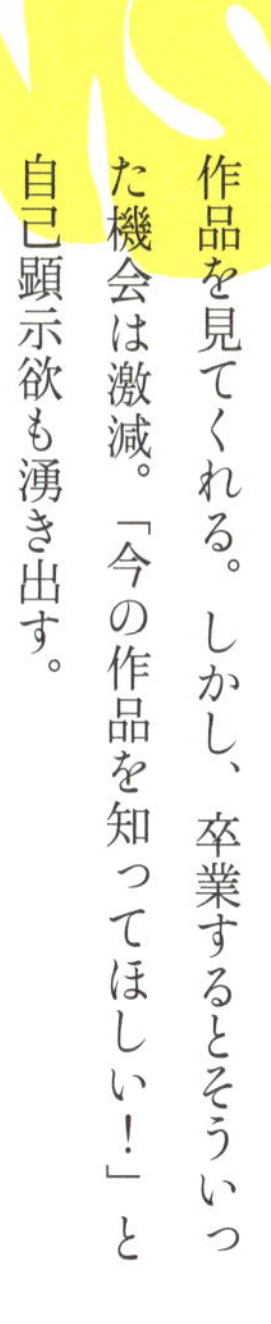

美大生の頃は、教授や同級生など、多くの人が作品を見てくれる。しかし、卒業するとそういった機会は激減。「今の作品を知ってほしい！」と自己顕示欲も湧き出す。

この心情を和らげる効能があるSNS。Facebookに作品・仕事を公開し「いいね！」をもらう。コメントが付いたらもう最高。「やって良かった」と床に就く。

久々に同級生と再会し、仕事の話で盛り上がる。「〇〇つくったじゃん」と話すと、同級生はつれない反応。「FBで上げたじゃん。お前、『いいね！』したよね」と続けても、「あぁアレか」と話が微妙につながらない。「コイツ、画像を見ないで『いいね！』しているぞ」と気づく。大人なので「本当は知らないだろ！」と追及はしないが、軽くショック。以上、すべて僕の実話である。

Bidai Word
ルネサンス…14世紀のイタリア発祥の文芸革新運動。「箱根小涌園ユネッサン」の元ネタ。

京都造形芸術大学

「関西弁禁止」は東京への対抗心

京都造形芸術大学（通称：京造）の校舎は、山沿いに立つ。頂上付近の教室までは、たどり着くまで15分間、59段の階段をのぼり続ける。

京造は、通信教育が盛んなことでも有名。年に数回ある登校日には、通信教育で学ぶ高齢者も登校する。高齢者は授業を受けるために、この階段地獄を味わうのだからシャレにならない（現在はエレベーターができた）。

京都にあるから京造、授業もすべて関西弁で進む。しかし、課題発表のプレゼンだけは標準語を強いられる。「ココがエエと思います」と関西弁でプレゼンすれば教員はカンカン。「プレゼンのときは、関西弁を使ったらアカンって言ったやん」と注意。こういった矛盾が面白かった。

東京の美大に対するハングリー精神も、京造生の持ち味。同級生のFさんは「電通、博報堂を目指す意識が高い人としか交流しない」と明言していた。ここまで強烈な美大女子は、今まで会ったことがない。

京造で最も印象に残った教員といえばH先生。彼は気に入った女子をニックネームで呼んでいた。逆に、気に入られていない僕のような学生を冷遇。間違ったフォーマットのレポートを提出すれば、受け取ったのちに無言で床に落とす。ところが、可愛がっている女子には「次は注意しよなぁ」とやさしく声をかけて受け取る。

京造は「気に入られた者が勝つ」というギョーカイスタイル。そういった意味では、京造を体現した人物こそH先生。長髪ポニーテールのおっさん、H先生には感謝してもしきれない。

ありがとうございました！

美大出身者に聞いた
美大に入って
良かったこと
悪かったこと
かわいい女の子がいた。
（男性・69歳・クリエイティブディレクター）
合コンをしたことがない。
（男性・28歳・映像ディレクター）
「美大生です」って言えた。
（女性・30歳・主婦）
就職できない（就職する気が起きない）。
（女性・30歳・自営業）
経歴上バカにされない。
（女性・31歳・漫画家）
とにかくお金がかかりすぎる。
（男性・51歳・グラフィックデザイナー）
好きなことができた。
（男性・27歳・デザイナー）
貧乏人コースまっしぐら。
（男性・39歳・肖像画家）
手に職をつけられた。
（女性・29歳・Webデザイナー）
ビジネス知識ゼロ。
（女性・24歳・IT系スタートアップ）
自分が特別じゃないと気づけた。
（女性・26歳・無職）
他人の活躍を素直に祝福できない。
（女性・28歳・作家）

おわりに

本書の執筆途中で「美大はディズニーランドに似ているな」と気づいた。ディズニーランドが「夢の国」なら美大は「美術の国」。内にいるときは夢を見させてくれるが、外に出たときは厳しい現実が待っている。

しかも、美大は年間パスポート4年分。そりゃあ、社会に馴染むまで時間もかかる。「美大で学んだ経験を活かしたい」とフリーランスや芸術家を目指す美大生も多い。しかし、社会はどこかに所属していない人を拒む。

とくに、今の社会は変化のスピードが速い。自分の目で人を見分ける余裕はない。だから、社会で〝肯定済み認定〟を受けた人をさらに肯定する。自分で判断したフリをして。

多くの不誠実な対応と少しの親切心。僕は美大を卒業してから4年間、そんなことに触れてきた。ゴミのように扱われた経験もある。しかし、そんな不当な境遇も必然といえる。所属もないうえに能力も低い。社会貢献をしていない人は避けられる。そういった意味で、僕を冷遇する社会はとっても正しい。

だから、美大生は自分の能力を磨くしかない。喜ばれる芸術、モノをつくり、社会へサービスする必要性がある。貢献すれば、周りの見る目も変わる。能力の向上による自己肯定、これがクリエイティブの醍醐味だ。

「タダでやって」と言うバカもいる、「才能を買っている」と騙す悪党もいる。けど、結局はがんばるしかない。

本書を読んでいただいた皆さんへ。

もし、あなたの職場や取引先に美大出身者がいたら、ぜひ「あるある」ネタを振ってみてほしい。「なんで知ってるの?」と驚いた顔がきっと見られるだろう。

もし、あなたの子どもや親戚・友人の子どもが「美大に行きたい」と言ったら、一緒にオープンキャンパスに足を運んでほしい。美大の雰囲気を知ることができるだろう。

もし、あなたが美大生ではなく、サークルやバイト先にいる美大生と恋人になりたかったら、会話の突破口が見つからずに困ることはないだろう。

もちろん、あなたが美大生なら、「これはない、ない」と悪口で盛り上がるといいだろう。

この本がキッカケとなり、現役美大生や美大出身者、美大志望者と仲良くなってくれたら、著者としてこれ以上の喜びはない。

最後に、肯定済み認定を受けていない僕に執筆の機会を与えてくださった飛鳥新社の江川さん、本書を細部にわたってデザインしてくれた平野さん、本当にありがとう。お二人がいなければ、この本は完成しなかったと思う。また、取材に協力してくれた多くの美大出身者の方々にも心から感謝申し上げたい。

2017年2月　ヨシムラヒロム

美大生は変人ではないが、
美大は変わった大学。

ヨシムラヒロム

1986年東京都生まれ。武蔵野美術大学造形学部基礎デザイン学科卒業。イラストレーター、コラムニスト、中野区観光大使、五反田コワーキングスペースPaoで週一度開かれるイベント「微学校」の校長など幅広く活動。現在、小学館@DIME「ヨシムラヒロムの勝手に宣伝部長」、学研GetNavi web「一階通信」、美大生の総合情報メディアPARTNER「コラムニストの憂鬱」を連載中。

Mail: 7h446m@bma.biglobe.ne.jp

Twitter: @numnun

美大生図鑑

あなたの周りにもいる摩訶不思議な人たち

2017年4月5日　第1刷発行

著者　ヨシムラヒロム

発行者　土井尚道

発行所　株式会社飛鳥新社

〒101-0003

東京都千代田区一ツ橋2-4-3　光文恒産ビル

電話　03-3263-7770（営業）

　　　03-3263-7773（編集）

http://www.asukashinsha.co.jp

ブックデザイン　平野昌太郎

印刷・製本　中央精版印刷株式会社

ISBN978-4-86410-543-9

編集担当　江川隆裕